子どもたちが思いきり体を動かし、いきいきと表現できるあそび歌を集めました。
日々の保育はもちろん、運動会、発表会など、さまざまな行事でも楽しめる、たっぷり39曲。
巻末のCD２枚に収録した音源とあわせて活用してください。

＊この本は、2011～2019年に保育情報誌「ピコロ」に掲載・収録された記事・音源を一部改訂を加えて構成したものです。

目次&年齢・シーン検索早見表

CD1

ページ	曲名	3歳児	4歳児	5歳児	春	夏	秋	冬	普段のあそび	運動会	発表会	親子	ちょっとした空き時間	朝や帰りの集まり
P.6	おひさまポルカ		●	●	●	●	●	●	●	●	●			
P.8	まっくらどうくつたんけんたい	●	●	●	●	●	●	●	●			●	●	
P.10	やまもりパワー	●	●	●	●	●	●	●	●	●		●	●	●
P.12	ほんじつのOH!ススメ	●	●	●	●	●	●	●	●		●		●	●
P.14	ポップンロール		●	●	●	●	●	●	●	●	●	●		
P.16	えだまめかぞく		●	●		●	●		●	●	●			
P.18	ザリガニチョッチン		●	●	●	●	●		●	●	●			
P.20	うみいこ　やまいこ	●	●	●		●	●		●	●		●	●	
P.21	ゴーゴーフィンガー		●	●	●	●	●	●	●			●	●	
P.22	ドリルでゴー	●	●	●	●	●	●	●	●	●	●		●	
P.24	おばけとともだち	●	●	●	●	●	●	●	●	●	●	●	●	●
P.26	宇宙人がやってきた		●	●	●	●	●	●	●	●	●			
P.28	ドンヒャラドン		●	●		●	●		●	●			●	
P.30	おみこし音頭♪	●	●	●		●	●		●	●		●		
P.32	ものほし音頭		●	●		●	●		●	●		●		
P.34	せみせみロック!!	●	●	●		●	●		●	●			●	
P.36	つまさきドリル		●	●	●	●	●	●	●	●	●			
P.38	ぶらぶラブダンス	●	●	●	●	●	●	●	●	●	●	●	●	
P.40	元気のボール	●	●	●	●	●	●	●	●			●	●	●

CD2

		3歳児	4歳児	5歳児	春	夏	秋	冬	普段のあそび	運動会	発表会	親子	ちょっとした空き時間	朝や帰りの集まり
P.42	かかしエクササイズ	●	●	●		●	●	●	●	●	●			
P.44	かっとばせ！ ヒーロー！		●	●	●	●	●	●	●	●	●	●		
P.46	ツルツルペンギン	●	●	●	●	●	●	●	●	●	●			
P.48	フレフレエール			●		●	●		●	●				
P.50	耐久戦隊ガマン	●	●	●	●	●	●	●	●		●	●	●	
P.52	スバヤインジャー		●	●	●	●	●	●	●	●	●			
P.54	どろんぱにんじゃ	●	●	●	●	●	●	●	●	●	●		●	
P.56	忍者の修行はさしすせそ	●	●	●	●	●	●	●	●	●	●			
P.58	どうやっていこうか	●	●	●	●	●	●	●	●	●	●			
P.60	くるくるかいてんずし	●	●	●	●	●	●	●	●				●	
P.62	ガリガリ狩り	●	●	●			●	●	●		●	●		
P.64	それがまほうさ		●	●	●	●	●	●	●	●	●			
P.66	ゆめのくに		●	●	●	●	●	●	●		●	●		
P.68	ペンギンダンス	●	●	●	●	●	●	●	●	●	●	●	●	
P.70	だいすきスキー	●	●	●				●	●		●		●	
P.72	おにのおにいさんとかぞくのダンス	●	●	●	●	●	●	●	●		●			
P.74	マメまきたいそう		●	●				●	●		●			●
P.76	星がきらきら	●	●	●	●	●	●	●	●		●		●	
P.78	にょきにょきにょき	●	●	●	●			●	●		●			●
P.79	どんちゃん楽団	●	●	●	●	●	●	●	●				●	

この本の使い方

年齢

あそび歌のあそびに適した年齢の目安を示しています。

保育のシーン

どんなときにおすすめなのか表示しています。当てはまるところに色がついています。

季節

あそび歌は一年中楽しめる内容ですが、特におすすめしたい季節に色がついています。

CDトラックナンバー

あそび歌が収録されているCDの頭出しの番号です。

※オーディオCDは巻末に2枚あります。あそび歌の曲は掲載順に収録されています。

●CD1→P.6〜41
●CD2→P.42〜79

楽譜

ピアノで弾いてみたり、歌やあそび方を覚えたりするのに利用してください。

※楽譜は読みやすくするために、CD収録の音源とは調を変えている場合があります。

二次元コード

オーディオCDに収録されているあそび歌の音源は、二次元コードからも曲の一部を聞くことができます。おためし視聴などにお使いください。左の二次元コード、または下記よりアクセスできます。

https://www.hoikucan.jp/345asobiuta/

あそび歌作家プロフィール

※本書掲載順に紹介します。

すかんぽ

熊本県（入江浩子）と山梨県（川崎ちさと）の現役保育士ユニット。「こんなあそびがあったらいいね」という思いから生まれた、あそび歌やパネルシアターを作っている。

でこぼこ

鳥取県の保育施設に勤務する保育士、さかたしょうじとつのだゆいのユニット。保育園・幼稚園・子育てサークル・各種イベントにて、オリジナルのあそび歌、パネルシアターなどでのコンサート活動を行っている。

ジャイアンとぱぱ

宮城県の保育園園長・保育士である、ボス、しょうちん、キャンディ、おはぎの4人からなる子育て応援団。親子の「ふれ愛」をテーマに、親子コンサートや保育者向けの講習会、保育雑誌の執筆でも活躍中。

小倉げんき

あそび歌作家。子どものお家ぞうさん保育園園長。保育雑誌への執筆のほか、保育園、幼稚園等でのあそび歌ライブ、保育者向けセミナー、子育て講演を行っている。

ミツル&りょうた

体操担当のミツルと歌担当のりょうたのユニット。親子で楽しめる歌あり、体操あり、なんでもありのステージを全国各地で繰り広げる。代表作「昆虫太極拳」をはじめ、とにかく楽しいあそび歌が大人気。

こばやしゆうすけ

愛称はコボちゃん。キッズスマイルカンパニー所属。2018年に認可保育園を設立。園長として保育に携わるとともに、あそび歌作家として、保育者研修会、子育て支援センターなどで活動している。

たんさいぼう

キャリアなんと40年以上の還暦オーバー5人組バンド。首都圏の園や児童センター等でしみじみと活動中。歌、あそび、アレンジに演奏、CDデザイン、写真撮影まで誰の世話にもならずにすべてをこなす。

小沢かづと

シンガーソングあそびライター。素材あそびワークショップ「あそびカフェ」を行うほか、保育者向けの講習会や保育雑誌の執筆、テレビやCM等へのあそびや楽曲提供など幅広く活動。

かば☆うま

関西を中心に活動中の元保育士ユニット。かばお（和田武蔵）と、うま（馬賣真人）。保育所や幼稚園、商業施設などで、あそび歌ライブを行うほか、保育者向け講習会の講師としても活躍中。

すえっこ

山梨県の現役保育士。いとこ同士の鈴木木乃実、深澤亮が結成したユニット。日々の保育で感じていることを盛り込んで、子どもたちがすぐに楽しめるあそび歌を考案している。

ハリー☆とたまちゃん♪

福岡県北九州市の保育士ユニット。ハリー☆（金子和弘）と、たまちゃん♪（玉井智史）。子どもたちのあそび歌コンサートや、学生や保育者向けの講習会で活躍中。

さあか

保育士として9年間務めた後、“息子のようにろうの子でも安心して過ごせる園が必要”という思いから、手話に出会える保育園を作る。この本では、南夢未さんのあそびに曲をつけた作品も収録。

しゃぼん玉

2005年に結成した保育士ユニット。マッキーこと人見将之&てる坊こと田中輝幸。オリジナルのあそび歌やリズム体操などを届ける活動や、幼稚園や保育園、施設、実技講習会、親子コンサートなどで活躍中。

髙嶋 愛

楽しくおもしろいこと好き！ 創作好き！ 音楽好き！ の現役保育士。日々の保育で生まれたあそびを地域の親子と一緒に楽しんでいる。ふれあい、心がつながっていく過程を大切にしている。

福田 翔

8年の保育士経験を経て、2014年にあそび歌作家としてフリーでの活動を開始。保育所、幼稚園、児童館などでコンサートを行うほか、保育者向け講習会や保育雑誌への執筆などで活躍中。

南 夢未

保育園、幼稚園勤務を経て、「あそび工房ゆめみ」を主宰。保育雑誌の執筆や保育者向けの講習会なども行っている。中でも0・1・2歳児向けのちょこっとあそびが人気を博している。

浦中こういち

9年間の保育園勤務を経て、イラストレーター、あそび作家として活動する。2014年に絵本作家デビュー。絵本やあそび歌の制作活動のほか、保育士養成校非常勤講師を務め、テレビ出演、ワークショップなども行う。

案●すかんぽ

おひさまポルカ

みんなにパワーをくれるおひさまと一緒にポルカを踊りましょう。
手をつないで回るところは、走る、スキップ、ギャロップにと、アレンジもOK！

CD1▶NO.01

普段のあそび　運動会　発表会　親子　ちょっとした空き時間　朝や帰りの集まり

前奏

① 輪になって手をつなぎ、リズムをとる。

1番 ♪きょうもにこっと でてきたよ

② 屈伸しながら、頬をつまむように腕を伸ばして戻す。これを繰り返す。

♪おひさま ポカポカ

③ 両手で膝に2回タッチ。

♪ポカ

④ 両手で肩にタッチ。

♪ポン

⑤ 両手を上に広げる。

♪いっしょにたのしく

⑥ 横を向いて腰を振りながら、両肘を張って脇を開け締めする。

♪おどろう

⑦ ⑥を反対向きで。

♪おひさまポカポカポカポン

⑧ ③④⑤と同様。

♪ポッポッポポッポポルカ

⑨ 手をたたきながら頭の上で半円を描く。

♪ポッポッポポッポポルカ

⑩ ⑨を反対向きで。

♪ポカポカポン

⑪ 横にジャンプし、体の前で腕を曲げ、交互に上げ下げ。

♪ポカポカポン

⑫ ⑪を反対向きで。

♪おひさまポルカ

⑬ 両手を広げて、その場で回る。

♪ヘイ！

⑭ 片方のこぶしを突き上げる。

♪ポポポッポポルカ
いっしょにたのしくおどろう

⑮ 両隣の子と手をつなぎ、弾みながら右に回る。スキップやギャロップでもOK。

♪ポポポッポポルカ

⑯ 手をつないだまま、弾みながら前進（輪を縮める）。

♪さあさあみんなでおどろう

⑰ 弾みながら後退（輪を広げる）。

2番

※③～⑤、⑧～⑰は1番と同様。

♪こころもからだもポッカポカ

② 手のひらで胸の前で円を描き、「♪ポッカポカ」でトントンと胸をたたく。

♪さあさあみんなでおどろう

⑥⑦ 片手を腰に当て、もう一方の手で手招きをしながら横へ動かす。

♪おひさまポカポカポカポン！

⑱ 1番の③④⑤と同様。

アレンジ

⑮⑯⑰の動きを変えてあそぶ

両手を左右に上で振る、下で振る、を2小節ずつ繰り返す。

弾んで自由に移動しながら、近くの人と「♪おどろう」でハイタッチ。

おひさまポルカ

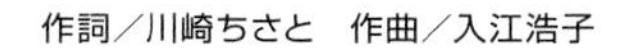

作詞／川崎ちさと　作曲／入江浩子

案●でこぼこ

まっくらどうくつたんけんたい

まっ暗な洞窟探検！　ジャンプしたり、隠れたり、パンチしたり……。
みんなでさまざまな危険を乗り越えて、お宝をゲットしましょう。

CD1▶NO.02　普段のあそび　運動会　発表会　親子　ちょっとした空き時間　朝や帰りの集まり

※最初は保育者がリーダーになり、慣れてきたら子どもが交代でリーダーになる。

① 足踏みをする。

♪おたから

② 片足を一歩横へ踏み出し、遠くを見るしぐさをする。

♪さがして

③ 両手を腰に当て、正面を向く。

♪たんけん

④ ②の動作を反対側で。

♪だ

⑤ ③と同様。

♪ずんずんあるいていくと

⑥ ①と同様。

（あれは）（なんだ）

⑦ リーダーが「あれは」と言いながら、どこかを指さし、みんなは「なんだ」と言う。

（へびだ）（とおっ）

⑧ リーダーが「へびだ」と言い、みんなは「とおっ」と言いながら、その場でジャンプする。

（あれは）（なんだ）

⑨ ⑦と同様（リーダーは前と違う所を指さす）。

（こうもりだ）（はっ）

⑩ リーダーが「こうもりだ」と言い、みんなは「はっ」と言いながら、頭を抱えるようにしてしゃがむ。

（あれは）（なんだ）

⑪ ⑦と同様（リーダーは前と違う所を指さす）。

（いわだ）（えい）

⑫ リーダーが「岩だ」と言い、みんなは「えい」と言いながら、パンチのポーズをする。

（あれは）（なんだ）

⑬ ⑦と同様（リーダーは前と違う所を指さす）。

（くまだ）（しー）

⑭ リーダーが「くまだ」と言い、みんなは「しー」と言いながら、人さし指を口に当てる。

（あれは）（なんだ）

⑮ ⑦と同様（リーダーは前と違う所を指さす）。

（おたから）（ゲット!!）

⑯ リーダーが「おたから」と言い、みんなは「ゲット!!」と言いながら、ガッツポーズをする。

出てくるものや順番を変えて

あそびに慣れてきたら、へびや、こうもりなどの順番を言い換えてあそんだり、みんなで何が出てくるか、そのときどんなポーズをするのかを考えてみたりするのもいいでしょう。

まっくらどうくつたんけんたい

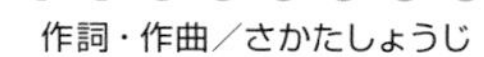

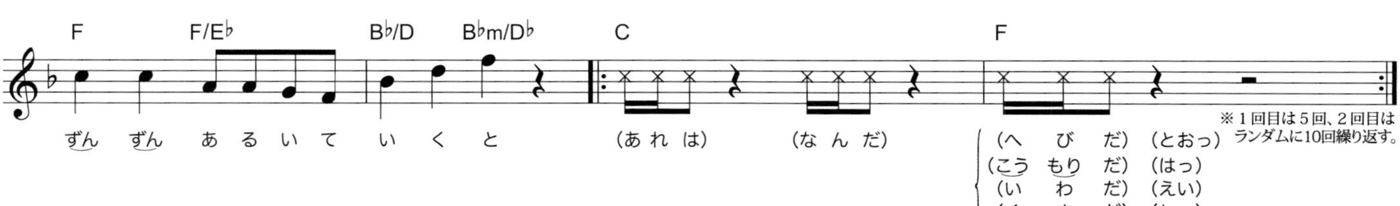

やまもりパワー

体のいろいろな部位を動かして、気持ちよくあそべる体操です。
一人一人、好きな動きを見つけ、自分のできるところから行うといいでしょう。

案●すかんぽ

CD1▶NO.03

普段のあそび　運動会　発表会　親子　ちょっとした空き時間　朝や帰りの集まり

♪やまもり

①

胸の前でクロスした両手を、大きく回しながら上げる。

♪パワーでいこう

②

両手をゆっくり戻す。

♪みんなで

③

体を横に向け、パーにした手を頭の上から下ろす。

♪レッツトライ
ライライライ

④

体を反対へ向け、正面を指さす。

（まずは
精神統一）

⑤

胸の前で両手を合わせる。

♪フーハーフーハー

⑥

"膝を曲げて伸ばす"を2回繰り返す。

♪フーハッ！

⑦

膝をぐっと深く曲げ、両手を上げながら、ぱっと立ち上がる。

♪ここからやまもり
あつめていこう

⑧

リズムに乗って、両手を半円を描くように回してから、ガッツポーズ。

♪やまもりもり
もりもり

⑨

左右それぞれに「おいでおいで」をする。

♪まるめてまるめて
まるめていこう

⑩

⑧を反対向きで。

♪まるまるまるまるまる

⑪

左右それぞれに丸めるしぐさをする。

効果音

⑫

体を動かさず、首だけぐるりと回す。

♪こねてさっさっ
（×4回）

⑬

こねるまねをしながら、いろいろな方向へ弾むようにステップ。

効果音

⑭

まっすぐに立つ。

♪のばして
（ビョーン）

⑮

片足で立ち、ゆっくり両手両足を伸ばす。

♪のばして
（ビョーン）

⑯

⑮を反対向きで。

♪ちぢめて（ギュッ！）

⑰

少しずつ体を縮めていき、最後に縮こまったポーズ。

♪たかくなげて(×2回)
もっとなげて(×2回)

⑱ リズムに乗って、上に投げるまねをしながらジャンプ。

♪とおくなげて(×2回)

⑲ 遠くに投げるまねをする。

(キャッチイエイ)

⑳ 頭の上で両手を合わせた後、ピースサイン。

♪やまもりパワーは

㉑ 両手を上げて山の形を作り、手足を曲げ伸ばしする。

♪あつまった？
(もうちょっと)

㉒ 両手を広げて回る。

♪やまもり～ちぢめて
(ギュッ！)

㉓ ①～⑰を繰り返す。

♪ころがして(×6回)

㉔ ボールをあちこちに転がすように両手を動かす。

(巻き戻しよし)

㉕ 巻き取るように両手をくるくると回した後、ガッツポーズ。

♪やまもりパワーはあつまった？
(あつまった)

㉖ ㉑㉒と同様。

♪やまもり～レッツ
トライライライライ

㉗ ①～④と同様。

(最後は深呼吸)♪フーハーフーハーフーハッ！

㉘ 深呼吸を3回した後、両手を上げてポーズ。

やまもりパワー

作詞／川崎ちさと　作曲／入江浩子

案●ジャイアンとぱぱ

ほんじつのOH!ススメ

おすすめの“物”や“こと”を体で表現する“紹介あそび歌”。
“おすすめ”の内容はみんなで相談して決めても、順番に発表し合うのもいいですね。

CD1▶NO.04

普段のあそび 運動会 発表会 親子 ちょっとした空き時間 朝や帰りの集まり

1番

♪あそれあそれ～いいところ（あそ～れ！）

① 手拍子をゆっくり8回。

♪こんなめいぶつ

② 片手を腰、もう片方の手は物を載せるように上向きにしてから、両手を腰に。

♪ありますよ

③ ②を反対側で。

♪あそれあそれ
あそれそれそれそれ

④ 手拍子をゆっくり4回。

♪ほんじつの

⑤ 片方の手の人さし指を振る。

♪おすすめ

⑥ 手のひらを下向きにしてぐるりと回し返す。

♪は

⑦ 手のひらを返して、物を差し出すように両手を出す。

♪おさんぽ～おさんぽ

⑧ 自由に“おさんぽ”を表現する。

♪まいどありがと

⑨ まっすぐに立つ。

♪ございます

⑩ おじぎをする。

2番 ※①〜⑦、⑨⑩は1番と同様。

♪おひるね〜おひるね

⑧ “おひるね” を表現するポーズをする。

3番 ※①〜⑦、⑨⑩は1番と同様。

♪ダンス〜ダンス

⑧ 太鼓をたたくように手を振り、左右の向きを替えたりする。
※自由に好きなダンスをしてもよい。

4番 ※①〜⑦、⑨⑩は1番と同様。

（自由に）

⑧ “おさんぽ” “おひるね” “ダンス” のうちから自分の “イチオシ” を選ぶか、好きなことを表現する。

アレンジ

❶ 同じポーズになったかな？

あらかじめポーズを決めておき、4番のときにリーダーが1〜3番から好きな歌詞を選びます。みんなはリーダーと同じポーズになったらうれしい、というあそびに。

❷ “おすすめ” の内容を替えて

歌詞を「♪今日の給食のおすすめは」などに替えて食べ物を表現してみたり、「♪ここは仙台のいいところ」と地域をテーマにしたり、設定をいろいろ替えてみましょう。

「ビーフストロガノフ」など言いにくい物や「〜温泉」「〜デパート」など、ポーズにしにくい物を選ぶと盛り上がります。

作詞・作曲／ジャイアンとぱぱ

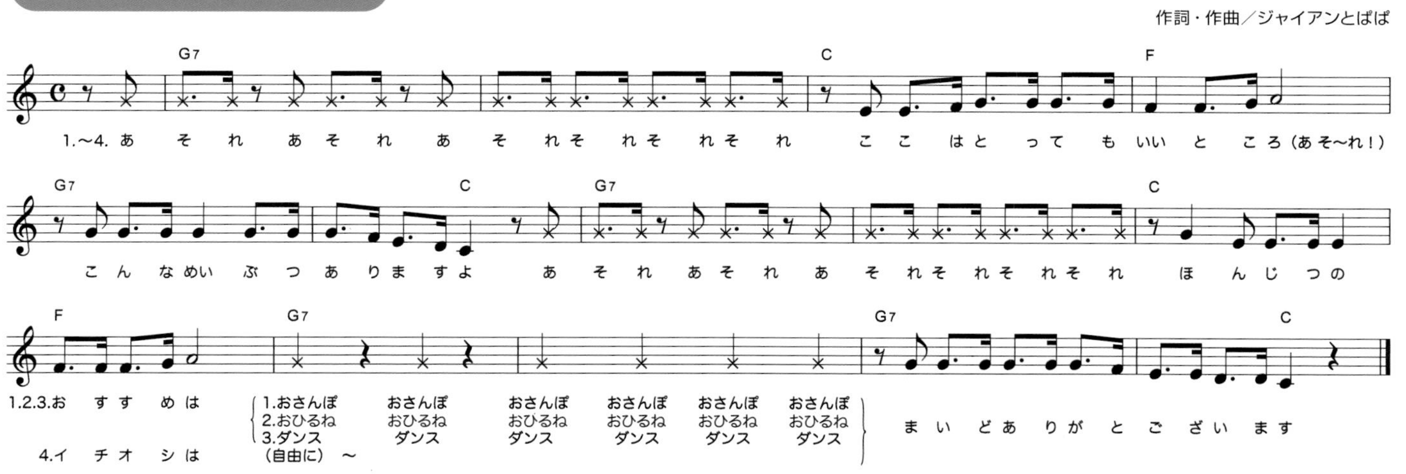

案●小倉げんき

ポップンロール

思いきり体を動かす楽しさを味わって踊りましょう。
動作によっては、前傾姿勢を意識すると、さらにノリノリであそべますよ。

CD1▶NO.05　普段のあそび　運動会　発表会　親子　ちょっとした空き時間　朝や帰りの集まり

♪おなべのなかにきいろい たねをいれてあたためる

① 足を開いて立ち、リズムに乗って、グーの手を交互に上げ下げする。

♪からだじゅうがポップコーン あつくはじけてさいこう

② 手をひらひらさせながら、片手ずつ２拍ごとに前に出す。

♪たのしいリズムで

③ 人さし指を出した右手と右足を一緒に横に出し、「♪リズムで」で、左足を引き寄せながら、右手を体の前に戻す。

♪ゴーゴー

④ ③と同様の動きで右に一歩進む。

♪たまらずあしぶみドーンドーン

⑤ ③④を反対向きで。

♪はじけてあふれる おいしさふくらむ （ひざポップコーン）

⑥ 右手人さし指を出したまま、右足を軸にして時計回りに一回転する。

♪ひざポップコーンはじけてる〜 ポーンポンポン

⑦ ２拍ごとに手足を大きく振り、その場で走る動作（膝を内側に上げ、上げた足の方に上半身をねじる）。

♪ひざポップ！ポップ！ポップ！ ポップ！(ポンポン！)

⑧ ⑦の動作より勢いをつけ、「ポンポン！」で飛び上がるくらい激しく動く。

間奏

⑨ リズムに乗って、手、足、腰をそれぞれひねり、全身を動かす（ツイスト）。

2番 ※①～⑥⑨は1番と同様。

♪へそポップコーンはじけてる～ ポーンポンポン

⑦ 2拍ごとにお腹を左右に突き出す（背中をそらせ、両肘をぎゅっと引くように）。

♪へそポップ！ポップ！ポップ！ポップ！（ポンポン！）

⑧ ⑦の動作により勢いをつけてお腹を突き出す。

3番 ※①～⑥は1番と同様。

♪ゆびポップコーンはじけてる～ ポーンポンポン

⑦ 2拍ごとに右左交互にグーにした手を突き出して開く（手のひらを上向きにして、コーンが弾けるイメージ）。

♪ゆびポップ！ポップ！ポップ！ポップ！（ポンポン！）

⑧ ⑦の動作により勢いをつけて踊る。

♪みなポップ！ポップ！ポップ！ポップ！（ポンポン！）

⑨ 「♪ポップ！」のたびに両手と片膝を振り上げ、最後の「ポン！」で思いきりジャンプする。

作詞・作曲／小倉げんき

※楽譜は、読みやすくするために、音源とは調を変えています。

案●小倉げんき

えだまめかぞく

「早く食べないとぼくたちダイズになっちゃうよ～」と、えだまめ家族が歌う、食べ物をモチーフにしたあそび歌。タンゴ調のリズムに乗って楽しみましょう。

CD1▶NO.06

普段のあそび　運動会　発表会　親子　ちょっとした空き時間　朝や帰りの集まり

1番

♪みぎはしはパパ

① 左手は腰に、右手は手のひらを上にして曲げ、正面を向いたまま右に歩く。

（休符）

② 左足を横に伸ばし、顔の右横に丸を作る。

♪ひだりはしはママ（休符）

③ ①②を反対向きで。

♪そしてまんなかに

④ その場で一回りする。

♪ぼく

⑤ 正面を向いて顔の前で丸を作る。

♪われら

⑥ 手のひらを上にして横に出す。

♪えだまめ

⑦ 反対側の腕も同様に。

♪か　♪ぞ　♪く

⑧ 両手で丸を作り、顔の右横、左横、正面に動かす。

♪きいろくなるまでまってたら

⑨ 手を合わせてから、マメのさやのイメージで、斜め横に手足を伸ばす。

♪だいずになっちゃうよ

⑩ ⑨を反対向きで。

♪やわらかいみどりのうちに

⑪ 足先から体をなぞるようにして手を胸まで上げていく。

⑫ 右腕を左斜め下に伸ばし、「♪しく」で左腕を右斜め下に伸ばしてクロスさせる。

⑬ 片手ずつ、腰に当る。

⑭ 腰に手を当てたまま、右肩、左肩、右肩と1拍ごとに前に出す。

2番 ※①～⑪は1番と同様。⑧の後の間奏では、その場でリズムを取って待つ。

⑫ 両手を腰に当てたまま、効果音に合わせて右、左、正面の順に顔を向ける。

⑬ 1番の⑫⑬⑭と同様。

⑭ 1番の⑭を反対の向きで。

♪みぎはしはパパ～われらえだまめかぞく

⑮ 1番の①～⑧と同様。最後に⑥⑦⑧をもう1回繰り返す。

えだまめかぞく

作詞・作曲／小倉げんき

案●すかんぽ

ザリガニチョッチン

後ろに跳ねたり、陰からのぞいたり……、ザリガニの独特な動きをあそびにしてみました。はさみの動作はシャキッとシャープにね！

CD1▶NO.07

普段のあそび　運動会　発表会　親子　ちょっとした空き時間　朝や帰りの集まり

前奏　間奏　後奏

♪ちょーちーちょーちーバックします（×4回）

① チョキの手を上げ下げしながら、屈伸。「♪バックします」でチョキの両手を前にし、お尻を突き出して後ずさり。

1番

♪わたしたち

② 片方のチョキの手を上にあげる。

♪ザリガニ

③ 上げた手はそのままで、もう一方のチョキの手を下に。

♪シスターズ

④ 両手を2回打ち合わせる。

♪おれたちザリガニブラザーズ

⑤ ②③④を反対向きで。

♪あなのなかから

⑥ 胸の前でクロスした両手を円を描くように大きく回す。

♪チラッチラッ

⑦ 顔の前で両手を上げ下げする。

♪はさみのかげから

⑧ チョキの手を上げてから、顔の前に下げる。

♪チラッチラッ

⑨ 手から顔を出して戻る。

♪まわりをみてからうごきだす

⑩ チョキにした手を動かしながら、腰をかがめて一回り。「♪す」で跳ねるように駆け回る。

♪チャッチーン

⑪ 顔の前でチョキの手を構え、横を向いてポーズ。

♪チョッチーン

⑫ 顔の前で構え、手を上げてポーズ。

♪ツーツツッツーツツツツ

⑬ チョキの手を出し引きしながら、足を前に突き出すようにして後ろに何度か跳ねる。

♪チャッチーンチョッチーン
ツーツツッツーツツツツ

⑭ ⑪⑫⑬を反対の向きで。

♪ビックリすると

⑮ 横向きでチョキの手を出し、膝でリズムをとる。

♪ワーオワーオ

⑯ 体を傾けてチョキの両手を大きく上下に動かす。

♪はずかしいと

⑰ ⑮を反対の向きで。

♪かくれちゃう

⑱ 大きく腕を回し、体を傾けて頭を隠す。

♪これもザリガニ

⑲ チョキの手と足をクロスする。

♪どれもザリガニ

⑳ 手足を開く。

♪すてきで

㉑ お尻を左右に振りながら、チョキの手を大きく振る。

♪しょ

㉒ 両手を大きく回してポーズ。

2番 ※①～⑤、⑩～㉒は1番と同様。

♪だれかがきたわ

⑥ チョキの片手と片足を横に踏み出し、チョキの両手を構える。

♪チラッチラッ

⑦ 膝でリズムをとりながら、チョキの両手を2回突き出す。

♪こっそりみてるの

⑧ 2番の⑥を反対の向きで。

♪チラッチラッ

⑨ 2番の⑦を反対の向きで。

ザリガニチョッチン

作詞／川崎ちさと　作曲／入江浩子

3～5歳児

春　夏　秋　冬

案●ミツル&りょうた

うみいこ　やまいこ

海に行く？　それとも山？　今日の気分はどっちかな？
3歳児は、保育者とみんなでマッチングを楽しむことから始めましょう。

CD1▶NO.08

普段のあそび　運動会　発表会　親子　ちょっとした空き時間　朝や帰りの集まり

前奏

①2人組になり、手をつないで前後に振る。

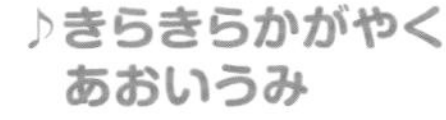

♪きらきらかがやく あおいうみ

②片手を腰に当て、顔の横でもう片方の手をピースにして腰を振る。手を反対にして同様に。

♪およぎにいこうよ うみいこう

③クロールしながら前に進む。「♪うみいこう」で後ろに下がる。

♪あおぞらはばたく とりのこえ

④両手で鳥を作り、手首を上下に動かしながら横へ動かす。「♪とりのこえ」で反対向きへ。

♪のぼりにいこうよやまいこう

⑤山登りのまねで前に進む。「♪やまいこう」で後ろに下がる。

♪うみいこう（うみいこう）

⑥両手を横に広げ、揺らす。

♪やまいこう（やまいこう）

⑦頭の上で山を作る動作を繰り返す。

♪おまちどうサマみなサマー

⑧お辞儀をし、「♪みなサマー」で両手で手招きをする。

♪きょうの きぶんは

⑨考えるポーズをする。

「うみ!!」「やま!!」

⑩海なら⑥のポーズ、山なら⑦のポーズをして、「うみ」か「やま」を言う。

同じだった場合

海で同じなら、「うみいこう」、山で同じなら、「やまいこう」と言いながら、腕を組んで回る。

合わなかった場合

両手を上げ、1人で回る。

うみいこ　やまいこ

作詞／佐藤ミツル　作曲／犬飼りょうた

案●こばやしゆうすけ

ゴーゴーフィンガー

簡単なようでちょっと難しい！　両手の指をくっつけていくあそび歌。
2人組で向かいあって指先を合わせてあそんでも楽しいです。

♪ゴーゴーフィンガー

① 左足に体重を載せ、右手の人さし指を目の前に出して体を左から右へスライドさせる。

♪シュビドゥバ

② ①を反対側で。

♪いっぽんゆびで

③ 「♪いっぽん」で右手、「♪ゆびで」で左手の人さし指を顔の横に立てる。

♪シュビドゥバパッパ

④ 手を組んで「♪シュビドゥバ」で下、「♪パッパ」で上にあげる。

♪ゴーゴーフィンガーシュビドゥバ

⑤ ①②と同様。

♪いっぽんゆびで

⑥ ③と同様。

♪シュビドゥバー
5 4 3 2 1 0

⑦ 左右の人さし指を倒して向かい合わせ、カウントダウンして待つ。

♪シュビドゥバ～！

⑧ 左右の指先を寄せて合わせる。

2番は中指、3番は薬指、4番は小指、5番は親指と、指を1本ずつ増やしてあそびます。

2番 3番 4番 5番

⑧は出した指先がそろうように手を丸めると、合わせやすいです。

♪ゴーゴーフィンガー！

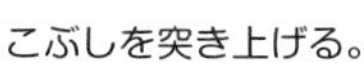

5番の最後に

こぶしを突き上げる。

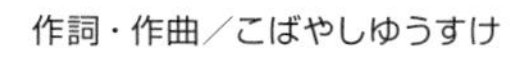

ゴーゴーフィンガー

作詞・作曲／こばやしゆうすけ

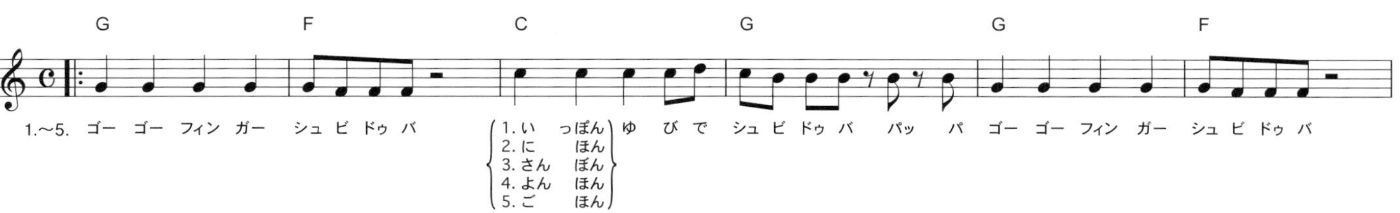

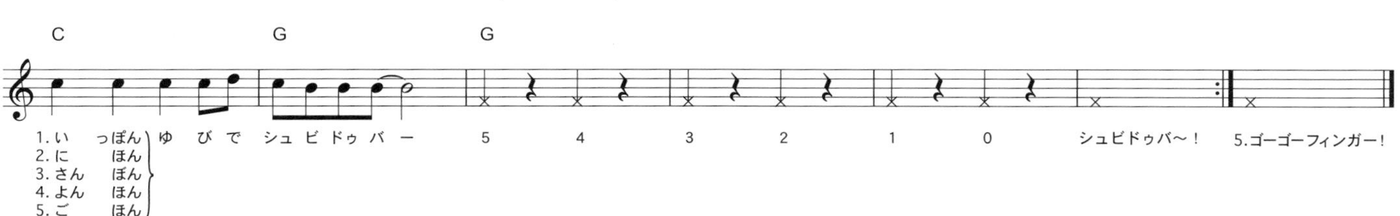

案●たんさいぼう

ドリルでゴー

いろいろな方向に手をグルグルと回して、元気よく体を動かして踊りましょう。
みんなの動きがそろわなくてもOK！

CD1▶NO.10

普段のあそび　運動会　発表会　親子　ちょっとした空き時間　朝や帰りの集まり

♪ドリルでゴー

① 片手の人さし指を出し、ドリルのように グルグルと前に向かって回す。

♪ドリルでゴー

② ①を反対側の手で。

♪ドリルでゴー
ドリルでゴー

③ ①②と同様。

♪ダブルドリルでゴー

④ 両手を前に向かって、グルグル回す。

♪ドリルでゴー

⑤ 片手を上に向かって、グルグル回す。

♪ドリルでゴー

⑥ ⑤を反対側の手で。

♪ドリルでゴー
ドリルでゴー

⑦ ⑤⑥と同様。

ダブルドリルでゴー

⑧ 両手を上に向かってグルグル回す。

♪ドリルでゴー

⑨ 片方の手を横に向かって、グルグル回す。

♪ドリルでゴー

⑩ ⑨を反対側の手で。

♪ドリルでゴー
ドリルでゴー

⑪ ⑨⑩と同様。

♪ダブルドリルでゴー

⑫ 両手を横に向かって、グルグル回す。

♪ドリルでゴー

⑬ 片方の手を下に向かって、グルグル回す。

♪ドリルでゴー

⑭ ⑬を反対側の手で。

♪ドリルでゴー
ドリルでゴー

15 ⑬⑭と同様。

♪ダブルドリルでゴー

16 両手を下に向かって、グルグル回す。

♪ひょっこり
モグラが

17 頭の上で両手で輪を作る。

♪かおをだす

18 両手をそのまま下ろし、穴から顔を出すまねをする。

♪びっくり
ミミズも

19 両手を合わせて、ジグザグに手を上げる。

♪とびだした

20 両手を開く。

♪おやすみカエル

21 両手を頬に当て、顔を傾ける。反対側も同様。

♪ごめんなさい

22 手を合わせて頭を下げる。

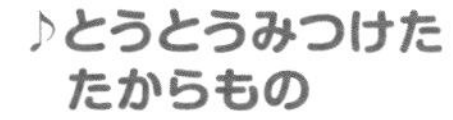

♪とうとうみつけた
たからもの

23 その場で一回りする。

♪イエーイ

24 ジャンプする。

♪ドリルでゴー～
ダブルドリルで
ゴー
(×2回)

25
好きな方向に向かってドリル、ダブルドリルの動きを繰り返す。

ドリルでゴー

作詞・作曲／たんさいぼう

案●小沢かづと

おばけとともだち

ポリ袋をおばけに見立てて隠したり、出してみたり。
動作にメリハリをつけて、おばけと一緒にあそびます。

CD1▶NO.11

普段のあそび　運動会　発表会　親子　ちょっとした空き時間　朝や帰りの集まり

1番

♪ひみつひみつ
ひみつのはなし

① ポリ袋を持った手を後ろに回し、反対の手の人さし指を口に当て、体を左右に揺らす。

♪きょうもおばけと
あそぶんだ

② 後ろに持っていたポリ袋を出して両手で持ち、上下、左右に振る。

♪あっはっはあはは
おばけとわたし
あっはっはあはは
ともだちなのさ
だれかきたかくれて

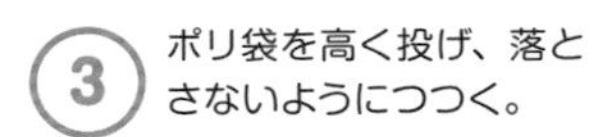

③ ポリ袋を高く投げ、落とさないようにつつく。

♪また！

④ ポリ袋を捕まえ、股に挟んで隠す。

♪なんでもないよ
だれもいないよ

⑤ ポリ袋を挟んだまま、首と両手で「いないよ」のしぐさ。

♪ふーんふんふーん

⑥ とぼけた表情で、左右に揺れながら背伸びをする。

間奏

⑦ ポリ袋を取った手を後ろに回し、もう一方の手の人さし指を口に当てる。

2番 ※①〜③⑦は1番と同様。

♪わき！

♪なんでもないよ
だれもいないよ

♪ふーんふんふーん

④ ポリ袋を捕まえ、脇に挟んで隠す。

⑤ ポリ袋を脇に挟んだまま、1番の⑤と同様。

⑥ 1番の⑥と同様。

3番 ※①〜③は1番と同様。

♪くび！

♪なんでもないよ
だれもいないよ

♪ふーんふんふーん

④ ポリ袋を捕まえ、首と肩の間に挟んで隠す。

⑤ ポリ袋を首と肩の間に挟んだまま、1番の⑤と同様。

⑥ 1番の⑥と同様。

アレンジ

① 2人でパスごっこ

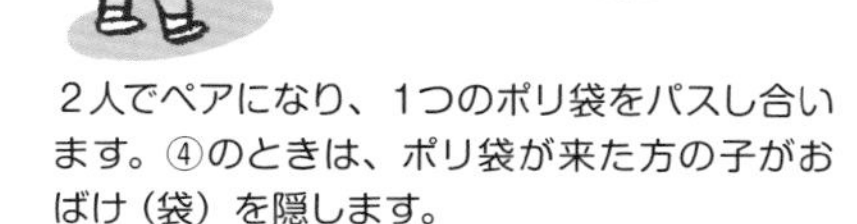

2人でペアになり、1つのポリ袋をパスし合います。④のときは、ポリ袋が来た方の子がおばけ（袋）を隠します。

② みんなでおばけを隠せ！

4〜5人のグループで、ポリ袋2〜3枚使ってあそびます。③は、自由にパスし合いましょう。④のときにポリ袋が来た子どもがおばけ（袋）を隠します。

おばけとともだち

作詞・作曲／小沢かづと

宇宙人がやってきた

細かい動きにこだわらずに踊ってOK！
子どもたちが宇宙人になった気分で楽しめるといいですね。

案●小倉げんき

CD1▶NO.12

普段のあそび　運動会　発表会　親子　ちょっとした空き時間　朝や帰りの集まり

前奏

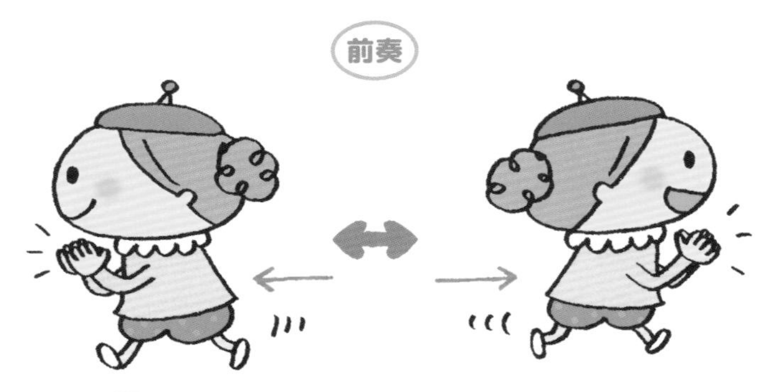

① 横を向き、3歩あるいて手を1回たたき、反対側に3歩あるいて手を1回たたく。（×2回）

1番　♪うちゅうじんが ちきゅうにやってき

② 手足を開いて、上下に揺れる。

♪た

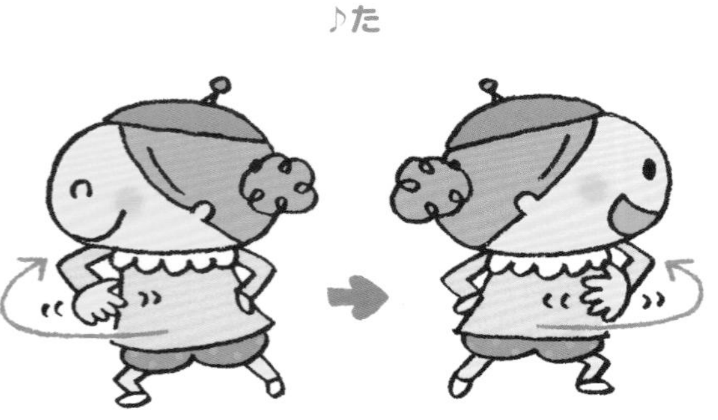

③ 手をひらひらさせながら、片方の手を内側から外側へ（4呼間）。反対側も同様（4呼間）。

♪ちきゅうのこどもと ともだちになりた

④ ②と同様。

♪い

⑤ ③と同様。

♪でもことばが つうじない

⑥ 両手を上げて、ひらひらさせながら右から左へ。

♪わたしちきゅうご わかりません

⑦ ⑥を反対側で。

♪こまったこまった

⑧ 手を顔の横で回しながら、頭を振る。

♪ああうちゅうじん

⑨ 「♪ああ」で両手を肩の高さでパッと開き、前奏の動作を1回行う。

2番 ※1番の②からスタート。②～⑨は1番と同様。

3番 ※③、⑤～⑨は1番と同様。

① 自由に動き回る。

♪ところがこどもが
てをさしだし

② 膝を開いたポーズで、1拍ずつ両手を開いたりクロスしたりする。

♪ふしぎなリズムの
おんがくきこえる

④ 3番の②と同様。

4番 ※②からスタート。③～⑨は1番と同様。

♪ちきゅうのこどもよアリガト

② 3番の②と同様。「♪アリガト」で、額に手を添えてあいさつするポーズを左手、右手で交互に2回。

⑨の最後

遠くを指さして決めのポーズ。

宇宙人がやってきた

作詞・作曲／小倉げんき

ドンヒャラドン

案●小沢かづと

リーダーの声かけに合わせて、体のいろいろな所を動かしてあそびます。1～3番の歌詞を入れ替えたり、動物の名前を言ってその動物の動きをまねっこしたりするのも楽しいです。

CD1▶NO.13

普段のあそび　運動会　発表会　親子　ちょっとした空き時間　朝や帰りの集まり

1番

♪まっていた このきせつ

① 片手を腰に当て、もう一方の手のひらを下に向けて上下に振りながら、水平に移動する。

(手拍子)

② 横向きのまま、顔の横で2回手をたたく。

♪やってきた このきせつ

③ ①を反対側で。

(手拍子)

④ ②を反対側で。

♪こころに

⑤ 横を向いたまま手のひらを上にあげると同時に片足を前に。

♪ひを

⑥ 両手を下げながら、その足を戻す。

♪ともせさあ

⑦ ⑤⑥と同様。

♪みんなみんなおどりだせ

⑧ ⑤⑥⑦を反対側で。

♪yeah!

⑨ 片手を斜め上に伸ばしてポーズを決める。

♪ドンドンヒャララ～ ドンヒャラドン

リーダーの声かけ

⑩ 両手を腰に当て、リズムに合わせて腰を振る。

♪ドンドンヒャララ～ ドンヒャラドン

⑪ 両腕を大きく振る。

♪ドンドンヒャララ～ ドンヒャラドン

⑫ 両手を大きく振りながら腰も振る。

♪ドンドンヒャララ～ ドンヒャラドン

⑬ ⑫を2倍速で。

♪もっともっと
♪もっともっと
♪もりあがれ
♪わっしょい！
間奏
⑭ 片手ずつ上げていく。
⑮ 胸の前で手を合わせてから両手を上げる。
⑯ ジャンプしながら、頭の上で手をたたく。
⑰ 「♪わっ」で手のひらを上に向けてしゃがみ、「♪しょい！」で立ち上がる。
⑱ 立ち姿でリズムを取る。
2番 ※①～⑨、⑭～⑱は1番と同様。
ひざ
ひじ
いっしょに
まだまだ
⑩ その場で膝を交互に上げる。
⑪ 両手を握り、肘を前に見せるように、交互にこぶしを後ろに送る。
⑫ ⑩と⑪を同時に行う。
⑬ ⑫を2倍速で。
3番 ※①～⑨、⑭～⑰は1番と同様。
あし
わき
いっしょに
まだまだ
⑩ 膝を伸ばして足踏みする。
⑪ 手のひらを前にして両肘を張り、同時に上げ下げする。
⑫ ⑩と⑪を同時に行う。
⑬ ⑫を2倍速で。
ドンヒャラドン
作詞・作曲／小沢かづと
C G7 C F C G7 C F C Em Am
1.～3. まっていた このきせつ（手拍子） やってきた このきせつ（手拍子）
1.こころにひを ともせさあ
2.そーらにまい おどれさあ
3.むーねのこどう ひびけさあ
D7 G7
みんな みんな おどりだせ yeah!（おしり）
みんな みんな あつくなれ yeah!（ひざ）
みんな みんな さーわげ yeah!（あし）
F C Dm G7 C
ドン ドン ヒャラ ラ ドン ヒャラ ラ ドン ヒャ ラ ドン 1.（うで） 2.（ひじ） 3.（わき）
ドン ドン ヒャラ ラ ドン ヒャラ ラ ドン ヒャ ラ ドン（いっしょに）
ドン ドン ヒャラ ラ ドン ヒャラ ラ ドン ヒャ ラ ドン（まだまだ）
F C Dm G7 C F Fm Em Am Dm G7 C G7 C
ドン ドン ヒャラ ラ ドン ヒャラ ラ ドン ヒャ ラ ドン もっと もっと もっと もっと もりあがれ わっしょい！

案●かば☆うま

おみこし音頭♪

お祭り気分を盛り上げてくれるあそび歌音頭。リーダーのお題によって、踊りが分かれるところがおもしろく、繰り返し踊るのが楽しくなります。お祭りで親子で踊っても。

CD1▶NO.14

普段のあそび　運動会　発表会　親子　ちょっとした空き時間　朝や帰りの集まり

1回目

輪になり、体の向きをそろえる。

♪おみこし

① 手拍子を2回。

♪かつぐひと

② 片側で両手を上げ下げしながら屈伸する（手のひらを上に向け、おみこしをかつぐしぐさ）。

♪おどりましょ

③ 上げた手を左右に振りながら4歩前に進む。

♪おみこし

④ ①と同様。

♪のるひとも

⑤ 手足を大きく開き、腰を落として屈伸する。

♪おどりましょ

⑥ ③と同様。

♪さあさみんないっしょに

⑦ ステップを踏みながら左右に2回ずつ、両手を振り上げる（外側の手を高く。）

♪おみこし

⑧ 手拍子を2回し、手のひらを下向きにして広げながら、片足を一歩前に出す。

♪おんど

⑨ 手拍子を2回し、頭上で丸を作りながら、片足を一歩前に出す。

♪まだまだみんないっしょに
おみこしおんど

⑩ ⑦～⑨と同様。

間奏

⑪

リズムに合わせて「パ・パンがパン」と手拍子。
ここでリーダーがお題を出します。

※リーダーの出すお題は「イチゴが好きな人」「青い服の人」など、わかりやすく、人数がある程度分かれる内容にするとよいでしょう。

リーダーの声かけ

○○な人がおみこしをかつぐよ！

2回目以降

※リーダーのお題で「おみこしをかつぐ人」と「乗る人」に分かれて踊り、途中で入れ替わる。

①～③ ♪おみこしかつぐひとおどりましょ

1回目の①②③と同様。

当てはまらなかった人

リズムに合わせ「パ・パンがパン」と手拍子を繰り返す。「♪おどりましょ」で4歩進む。

リーダーの声かけ

交代！

④～⑥ ♪おみこしのるひともおどりましょ

1回目の④⑤⑥と同様。

お題に当てはまる人

リズムに合わせ「パ・パンがパン」と手拍子を繰り返す。「♪おどりましょ」で4歩進む。

リーダーの声かけ

みんなで踊るよ！

⑦～⑩ ♪さあさみんないっしょに～おみこしおんど

全員で踊る

1回目の⑦⑧⑨を2回繰り返す。

おみこし音頭♪

作詞・作曲／うま（馬賣真人）

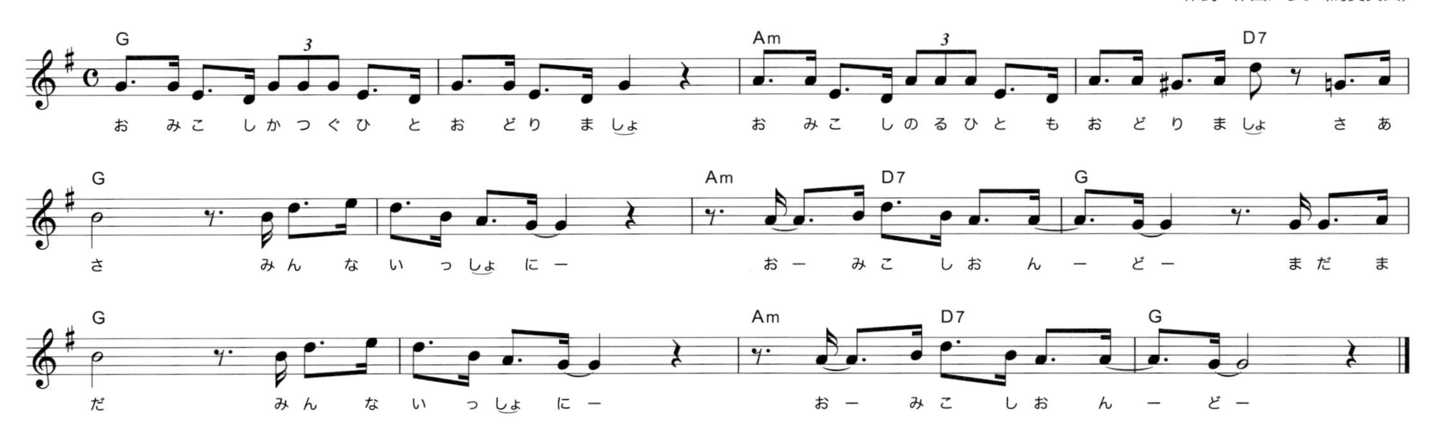

案●小沢かづと

ものほし音頭

タオルや手ぬぐい、ハンカチなどを使って、元気よく踊りましょう。
腕・頭・足の順に載せて、落とさず踊れるか挑戦するのも楽しいですね。

CD1▶NO.15

普段のあそび　運動会　発表会　親子　ちょっとした空き時間　朝や帰りの集まり

※輪になって踊る。

前奏　間奏

① タオルを肩に掛け、手拍子をしながら歩いた後、タオルを伸ばすように持って準備。

1番

♪おせんた

② タオルをこすり合わせる。

♪く

③ 片足を斜め前に出し、同時にタオルを持った手を足と同じ方向に伸ばす。

♪おせんたく

④ ②③を反対側で。

♪きょうも

⑤ 伸ばしたタオルを、斜め下へおろす。

♪おひさま

⑥ ⑤を反対側で。

♪てっかて

⑦ 胸の前でタオルを2回まわす。

♪か

⑧ 頭の上にあげる。

♪ものほしざおに

⑨ 片手でタオルを持ち、もう片方の手を前に出す。

♪タオルかけ

⑩ タオルを腕に掛ける。

♪かぜにふかれて ゆらゆら

⑪ そのまま一回りする。

♪ものほしざおが あったから タオルはよろこび おどりだす

⑫ ⑨⑩⑪を反対側で。

♪ものほしものほし よいよいよい

⑬ タオルを左右の斜め上に交互に上げながら、4歩進む。

♪ものほしものほし よいよいよい

⑭ ⑬の動作をしながら4歩下がる。

♪ものほしものほし
よいよいよい

⑮ ⑬の動作をしながら一回りする。

♪ものほし

⑯ タオルを上にあげる。

♪ものほし

⑰ タオルを下げる。

♪よいよい

⑱ タオルを片足ずつまたぐ。

♪よい

⑲ タオルを背中から回し、肩に掛ける。

2番

※①～⑧、⑬～⑲は1番と同様。

♪ものほしざおに
ふとんかけ

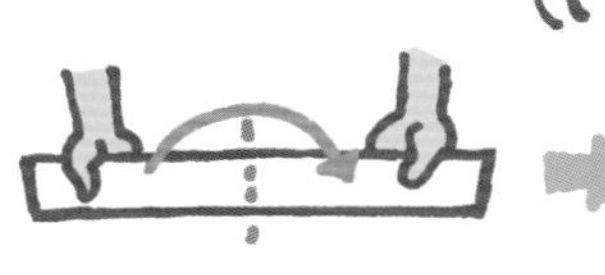

⑨⑩ タオルを畳んで「♪ふとんかけ」でタオルを頭に載せる。

♪かぜにふかれて
ふわふわ

⑪ そのまま、両手を広げて一回りする。

♪ものほしざおがあったから
ふとんはよろこびおどりだす

⑫ タオルを広げて頭に載せ、「♪ふとんは～」で両手を広げて一回り。

3番

※①～⑧、⑬～⑲は1番と同様。

♪ものほしざおに
ズボンかけ

⑨⑩ 片足を上げ、太ももにタオルを掛ける。

♪かぜにふかれて
ぱたぱた

⑪ 両手を広げ、けんけんをしながら一回り。

♪ものほしざおが
あったからズボンは
よろこびおどりだす

⑫ 3番の⑨⑩⑪を反対側で。

「あっぱれ！」

⑳ 最後にタオルを上に投げる。

ものほし音頭

作詞・作曲／小沢かづと

せみせみロック!!

案●すかんぽ

セミの鳴き声がたくさん出てくる楽しいあそび歌。
いろいろなセミになりきって元気よく踊ってね！

CD1▶NO.16

普段のあそび　運動会　発表会　親子　ちょっとした空き時間　朝や帰りの集まり

① 片膝を立てて上を見上げ、両腕を後ろに伸ばしてセミのポーズ。（ワオー!!）でジャンプして立つ。

② 片手を交互に上げ下げする。

1番

♪あおいあおい

③ 片足に重心を乗せてはずみながら、重心のほうの手をひらひらさせて半円を描くように横に動かす。

♪そらのした

④ ③を反対側で。

♪ギラギラ

⑤ 両手を上げてひらひらさせながら、片足を横に一歩出し、もう片方の足を引き寄せる。

♪たいよう

⑥ ⑤を反対側で。

♪まぶしく

⑦ 両手で目を覆う。

（ないぜ！）

⑧ 両手を上に広げる。

♪おれのハートが

⑨ グーにした片手で胸を2回たたく。

♪あつくなる

⑩ グーにした両手を頬の横でグルグル回しながら、膝を曲げ伸ばしする。

♪いくぜみんなで

⑪ 片手の人さし指を立て、上にあげる。

♪ミンミミーン

⑫ ⑪のポーズで、上げた手を上下に動かす。

♪ミンミンジージーツクツク

⑬ セミのまねをしながら走り回る。

（ホーシ！）

⑭ ジャンプする。

♪ミンミンジージーツクツク（ホーシ！）
ミンミンジージーツクツク（ホーシ！）

⑮ ⑬⑭を繰り返す。

♪カナカナカナカナカナカナカナカナ

⑯ 両手、両足を広げて揺れながら回る。

1小節間（のってるかい！）

⑰ グーにした片手を上げて大きく回す。

（イエイ！）

⑱ 回した手を上に突き上げる。

2番 ※②～⑰は1番と同様。

（イエイ！）

⑱ 回した手の親指を立てながら、前に突き出してポーズ。

せみせみロック!!

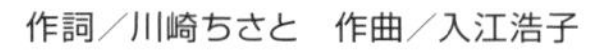

作詞／川崎ちさと　作曲／入江浩子

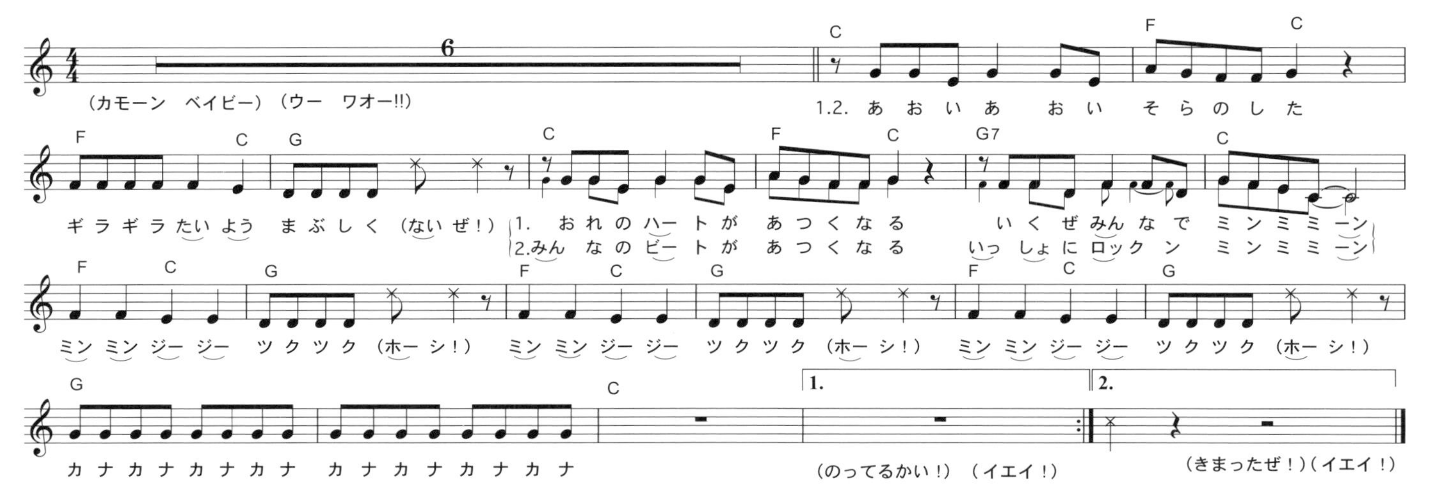

※楽譜は、読みやすくするために、音源とは調を変えています。

つまさきドリル

案●すえっこ

つま先で地面を掘る足元の動きに注目！
のんびりしたテンポや、サビでのノリノリの動きを十分に楽しんでください。

CD1▶NO.17

普段のあそび　運動会　発表会　親子　ちょっとした空き時間　朝や帰りの集まり

1番

♪おれたちにはもうシャベルは いらないのさ

① まっすぐ立ち、「♪もう」で、親指を立てた両手を肩に担ぐようにして横に2歩進み、「♪ないのさ」で反対に2歩進む。

♪このよくとがった

② 手を後ろで組み、「♪とがった」で、左右交互につま先を前に出す。

♪つまさきあるから

③ 片足のつま先で地面を2回たたき、両手でそのつま先を指さす。

♪つちのなかからなかまに いれてくれよと

④ 輪にした両手を上げ下げしながら、足を大きく開いてその場で4回ジャンプ。

♪モグラかおだした

⑤ 「♪だした」で顔に両手を当て、平泳ぎのポーズで右に1歩、左に1歩踏み出す。

♪ほろうぜベイベー

⑥ グーの手を交互に上げ下げしながら弾んで一回り。

♪あぁどんなときでも ほりたいだけなのさ

⑦ 両手のひらをシャベルのようにして右へ掘って進み、「♪ほりたい～」で左に掘って進む。

♪あぁもうこのきもち

⑧ 右手、左手の順に大きく回して胸に当てる。

♪とまらない

⑨ ⑧のポーズのまま体を揺らしながらしゃがみ「♪い」で手を広げてジャンプ。

(ワンツーワンツー
スリーフォー)

⑩ リズムに乗ったポーズで声を出してカウントする。

♪ドリルレラリルレ～
ド(リッ)ルー

⑪ 腰を振りながら、左右の人さし指を交互にあちこち突き上げながら、立ったりしゃがんだりする。

♪ざくっとほるなら
シャベルもいいけど

⑫ 右足、左足の順に蹴るしぐさ。

♪つまさき

⑬ 右足のつま先で地面を2回たたく。

♪ドリル

⑭ 右足のつま先を上げ、人さし指を立てて構える。「♪ル」で右足を前に出すと同時に両手でつま先を指さす。

2番 ※①～③、⑥～⑭は1番と同様。その後、⑪～⑬を繰り返す。

♪よくはれたひはそとにとびだして

④ 動ける範囲で走り回る。

♪さあはじめよう

⑤ その場で正面を向き、前に指さすポーズ。

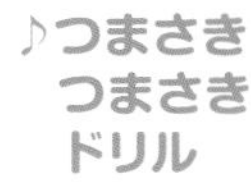

⑭ 1番の⑬を2回繰り返し、⑭の動作をする。

つまさきドリル

作詞・作曲／すえっこ

案●小沢かづと

ぶらぶラブダンス

大きな動きでリズミカルにダンス！
広いスペースで、友達同士の距離を保ちながら楽しみましょう。

CD1▶NO.18

普段のあそび　運動会　発表会　親子　ちょっとした空き時間　朝や帰りの集まり

1番

♪きみにあうと

① 手のひらを下に向け、片手を胸の前に。「♪あうと」で反対の手を重ねる。

♪あふれだすきもち

② リズムに合わせて首を左右に振る。

♪きみをみると

③ 手の甲を外向きにして、片手ずつ上げる。

♪ゆれうご

④ 片足を上げ下げしながら、腕を内・外・内・外……と振る。

♪く

⑤ 足を開き、両手をパッと大きく開く。

♪ぶらぶらぶらぶらぶらぶら〜ぶらぶら

⑥ 両手を上で振りながら、左右に飛び跳ねるように動く。

♪きみとぼくはてをたたく
きみとぼくはてをたたく

⑦ 近くの友達を指さすと同時に、反対の手で自分を指さす動作を左右交互に8回行う。

♪そして

⑧ 「♪そ」で片手を開き、「♪し」でもう一方の手も開く。「♪て」で正面でハートの形を作り、片足を上げてポーズ。

♪ぶらぶらぶらぶらぶラブ

⑨ ⑥と同様の動作をしながら友達を探す。

（ヘイッ！）

⑩ 近くの友達と片手でハイタッチ。

⑪ タッチする相手を変えながら、⑨⑩を繰り返す。

♪ぶらぶら〜ラブ

⑫ ⑨と同様。

（チュ！）

⑬ 片足で立ち、近くの友達に向けて投げキッスする。

2番

※①〜⑨、⑫⑬は1番と同様。
※⑪の（ギュ！）は握手に変える。

⑩ 近くの友達と握手する。

3番

※①〜⑨、⑫⑬は1番と同様。
※⑪の（グッ！）はグットサインに変える。

⑩ 近くの友達と見つめ合い、グッドサインを出す。

ぶらぶラブダンス

作詞・作曲／小沢かづと

案●ハリー☆とたまちゃん♪

元気のボール

保育者と複数の子どもであそびます。
"元気のボール"を作って、投げて、キャッチして。何回か繰り返すうちに体の元気がパワーアップ！

CD1▶NO.19

普段のあそび　運動会　発表会　親子　ちょっとした空き時間　朝や帰りの集まり

♪からだのげんきをさがそう

① 片方の腕の力こぶを4回たたく。

（パチパチパチパチ）

② もう一方の腕も①と同様に。

♪めざめろぼくのからだ

③ 片膝をついて、もう一方の太ももを4回たたく。

（パチパチパチパチ）

④ もう一方の足も③と同様に。

♪みつけたでてこい

⑤ 立ち上がり、おなか全体を両手でこする。

（ハッハッハッ）

⑥ 手のひらに息を吹きかける。

♪にぎにぎにぎにぎ

⑦ 両手でボールを作るしぐさ。

（スリーツーワンゴー）

⑧ 投げる順番を決めておき、保育者の持つ袋をめがけて、投げるしぐさ。

間奏 後奏

⑨

保育者は、袋で受け止めたまねをし、ボールを投げ返すしぐさをする。入った瞬間に袋をつまんだまま指を鳴らす(親指と中指で指パッチン)。

※⑧は1回目は「下から」、2回目は「上から」、3回目は「両手で上から」というふうに声をかけ、投げるしぐさを変えます。保育者が投げ返すときも同様。

アレンジ

① 子どもと大人の1対1で

大人が袋で受け止めるしぐさをした瞬間に、「カシャッ」とうまく指を鳴らし、臨場感を演出しましょう。

ボールを出して子どもに投げ返すまねをし、キャッチした子は、それを飲み込むしぐさをする。おなかに元気を戻すイメージ。

② いろいろなボールを投げよう

「速いボールを投げて!」、「大きいボールを投げて!」など、歌の初めに子どもたちに声をかけ、元気のボールのイメージをいろいろ変えてみます。

速いボールを投げて!

※キャッチする方も素早く。

たくさん元気が出てきたね! 大きいボールを作ってね

※大きいボールをイメージして作り、投げる。

元気のボール

作詞/金子和弘　作曲/玉井智史

※間奏、後奏で元気のボールを投げて、キャッチするしぐさをする。

かかしエクササイズ

手足を素早く動かして、かかしのポーズをばっちり決めてみましょう。3歳児はできたつもりでOK。絵本や図鑑でかかしのことを調べてからあそぶといいですね。

案●小沢かづと

CD2▶NO.01

普段のあそび　運動会　発表会　親子　ちょっとした空き時間　朝や帰りの集まり

前奏

① その場で手拍子。

1番　♪はたけをまもるヒーロー

② 手拍子しながら、その場で駆け足。

♪それはそう！わたくしかかし

③ 両手を広げて片足で2回ジャンプ。「♪わたくし」から反対の足で2回ジャンプ。

♪からだもこころも

④ 手拍子を1回してから、「♪こころも」で片足を横に踏み出して両手を開く。

♪ととのえる

⑤ ④を反対向きで。

♪それがそう！かかしエクサ

⑥ 両腕をぐるぐる前回し。

♪サイズ～【1小節間】

⑦ 足をそろえながら手を上で合わせ、1小節間でゆっくり下ろす。

♪ひねってかかし（ひねってかかし）

⑧ 体を片側にひねり、「♪かかし」で両手を開き片足を上げたかかしのポーズ。（ひねって～）でまっすぐ立って歌を聞く。

♪ひねってかかし（ひねってかかし）

⑨ ⑧を反対の向きで。かかしのポーズは、どちらの足を上げてもOK。

♪ひねってひねってかかし（ひねってひねってかかし）

⑩ 体を左右にひねり、「♪かかし」でかかしのポーズ。（ひねって～）でまっすぐ立って歌を聞く。

♪これがそう！

⑪ 両手両足を開く。

♪かかしエクササイズ

⑫ ⑪のまま、体を左右に揺らす。

2番 ※②〜⑦、⑪⑫は1番と同様。

♪ねじってかかし（ねじってかかし）

⑧ 両手を広げて体をひねり、片足の足先にタッチ。「♪かかし」でかかしのポーズ。（ねじって〜）でまっすぐ立って歌を聞く。

♪ねじってかかし（ねじってかかし）

⑨ ⑧を反対向きで。かかしのポーズは、どちらの足を上げても OK。

♪ねじってねじってかかし（ねじってねじってかかし）

⑩ 片足ずつ足先にタッチし、「♪かかし」でかかしのポーズ。（ねじって〜）でまっすぐ立って歌を聞く。

3番 ※②〜⑦、⑪⑫は1番と同様。

♪のばしてかかし（のばしてかかし）

⑧ 両手を上げて全身を伸ばし、「♪かかし」でかかしのポーズ。（のばして〜）でまっすぐ立って歌を聞く。

♪ちぢんでかかし（ちぢんでかかし）

⑨ しゃがんで体を縮め、「♪かかし」でかかしのポーズ。（ちぢんで〜）でまっすぐ立って歌を聞く。

♪のばしてちぢんでかかし（のばしてちぢんでかかし）

⑩ ⑧⑨の最初の動作を行い、「♪かかし」でかかしのポーズ。（のばして〜）でまっすぐ立って歌を聞く。

かかしエクササイズ

作詞・作曲／小沢かづと

※楽譜は、読みやすくするために、音源とは調を変えています。

案●さあか

かっとばせ！ ヒーロー！

野球のピッチャー・バッター・応援団のかっこよさや、おもしろさをたくさん詰め込みました。歌の出だし（ヒーロー）をクラス名や子どもの名前にして楽しんでもいいですね。

CD2▶NO.02

普段のあそび　運動会　発表会　親子　ちょっとした空き時間　朝や帰りの集まり

前奏

① リズムに合わせて手拍子する。

1番 （かっとばせヒーロー かっとばせヒーロー）

② 横を向いて両手を口に当て、声を出す。

♪はじまりました こんやのたいけつ

③ 屈伸する（「♪こんやの」で立って膝を伸ばす）。

♪きょうはどっちがかつのかな

④ 力こぶを作り、体を横に２回ひねり、「かつのかな」で反対側にひねる。

（ピッチャーピッチャー ピッチャー）

⑤ ボールを持つ姿勢で構える。

（ふりかぶってー）

⑥ 振りかぶって。

（なげたー！）

⑦ 投げる動作。

（バッターバッター バッター）

⑧ バットを持つ姿勢で構える。

（からぶりっ！）

⑨ 大きく振る（空振りする）動作。

（ざんねん！）

⑩ 頭を抱え、しゃがむ。

♪つぎはがんばるぞ

⑪ しゃがんだまま、両手を合わせる。

（オー！）

⑫ 手を突き上げながら大きくジャンプ。

間奏（応援タイム）

⑬ 片手を斜めに振る動作を左右した後、ジャンプしながら片足を上げる。反対側の足も同様。

2番

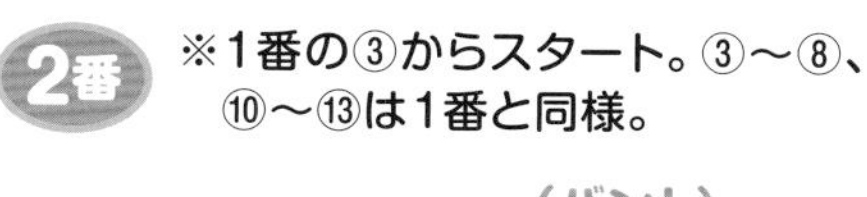

※1番の③からスタート。③〜⑧、⑩〜⑬は1番と同様。

（バント）

⑨ バントの構え。

3番

※1番の③からスタート。③〜⑧は1番と同様。

（うったー！）

⑨ 大きく振ってから見上げるしぐさ。

♪はしれはしれいちるい〜はしれはしれ

⑩ 「♪いちるい」「♪にるい」「♪さんるい」で向きを変えながら走り回る。

♪ホーム！

⑪ 床に滑り込むようにする。

♪やったぞやったぞ ヒーロー〜 やったぞやったぞ

⑫ 立ち上がり、走り回って、みんなとハイタッチし合う。

♪ジャーン

⑬ 両手でピースポーズ。

かっとばせ！　ヒーロー！

作詞・作曲／さあか

※楽譜は、読みやすくするために、音源より1オクターブ高い表記としています。

案●小倉げんき

ツルツルペンギン

ペンギンらしいしぐさやポーズがかわいい、元気いっぱいのダンス。
みんなで行進するのも楽しいです。

CD2▶NO.03

普段のあそび　運動会　発表会　親子　ちょっとした空き時間　朝や帰りの集まり

1番

♪せか

① 片足を前に出し、両手首を外側に曲げて、後ろに腕を伸ばして胸を張る。

♪いで

② 両手を前に出し、お尻を突き出す。

♪いちばん

③ ①②と同様。

♪さむいところ

④ ①〜③と同様。

♪みなみのたいりくなんきょくで

⑤ 片足を斜め前に出し、寒そうに腕を震わせ、正面に戻る（左右交互に4回）。

♪くろいろのタキシードきかざって

⑥ ①〜④と同様。

♪リズムにのっているよ

⑦ ペンギンポーズで片足を斜め前に出し、正面に戻る（左右交互に4回）。

♪ペンギンはこおりのうえ

⑧ 手首を曲げたまま、よちよち歩き（膝を曲げずに）で、その場で1周回る。

♪すべりながらおどる

⑨ 手首を曲げたまま足をそろえ、ちょこちょこと小刻みに左右に動く。

♪エブリバディ！

⑩ 横向きになると同時に片手の人さし指を正面に突き出す。

⑪ 手首を曲げ、足をそろえて横に3回ジャンプ。

（アーヘイ！）

⑫ 「ヘイ！」と言いながら、進行方向の手を顔の横に上げ、片足を斜め横に伸ばす。

♪ツツツルツル（アーヘイ！）

⑬ ⑪⑫を反対の向きで。

♪ツツツルツル（アーヘイ！）ツツツルツル（アーヘイ！）

⑭ ⑪〜⑬と同様。

間奏（アデリー オウサマ ヒゲ マカロニ〜コウテイペンギン！）

⑮ 近くの子で集まって列になり、前の人の腰につかまってよちよち歩く（膝を曲げずに）。

2番 ※①〜⑭まで1番と同様。

※楽譜は、読みやすくするために、音源とは調を変えています。

フレフレエール

だんだん人数が増え、エールも大きくなっていく華やかな応援ダンス。
友達と力を合わせて表現し、応援し合う楽しさを味わえます。

案●ジャイアンとぱぱ

CD2▶NO.04

普段のあそび　運動会　発表会　親子　ちょっとした空き時間　朝や帰りの集まり

1番

♪フレーフレーみんなで～フレフレエール

① 両手を顔の横から前に伸ばして戻す。「♪みんなで」で横に開いて戻す。（4回繰り返す）

② 手を後ろで組み、リズムをとって待つ。

「オス」（オス）「オス」（オス）

③ 最初の「オス」を聞き、2回目の（オス）で脇をしめて、こぶし（手のひら側を上向き）を握る。（2回繰り返す）

「ぐるぐるエール」「ワンツースリーGO!」

④ 横を向き、片膝を立ててしゃがむ。

【手拍子】「オー」～「ファイト」【手拍子】

⑤ ④の姿勢で握った片手をグルグル回す。

「レッツゴー」

⑥ 立ち上がって正面を向き、片手を突き上げてジャンプ。

2番

♪フレフレーみんなで～フレフレーエール

① 1番の①と同様。

間奏

② 1人が加わってペアになり、並んでその場で走る。

「オス」（オス）「オス」（オス）

③ 2人並んで1番の③と同様に。

「クワガタエール」「ワンツースリーGO!」

④ 1人が前でしゃがみ、もう1人が後ろに立つ。

【手拍子】「オー」～「ファイト」【手拍子】

⑤ 両手をはさみや足のように動かし、2人でクワガタムシを表現する。

「レッツゴー」

⑥ 握った片手を突き上げながら、2人で違う方向にジャンプ。

3番

♪フレーフレーみんなで～フレフレエール

① 背中合わせで1番の①と同様に。

② 2人加わり、4人並んでその場で走る。

「オス」（オス）「オス」（オス）

③ 4人で1番の③と同様に。

「かざぐるまエール」「ワンツースリーGO!」

④ 同じ方向を向いて片手を重ね、もう片方の手を上げる。

【手拍子】「オー」～「ファイト」【手拍子】

⑤ 重ねた手を中心に4人で回る。

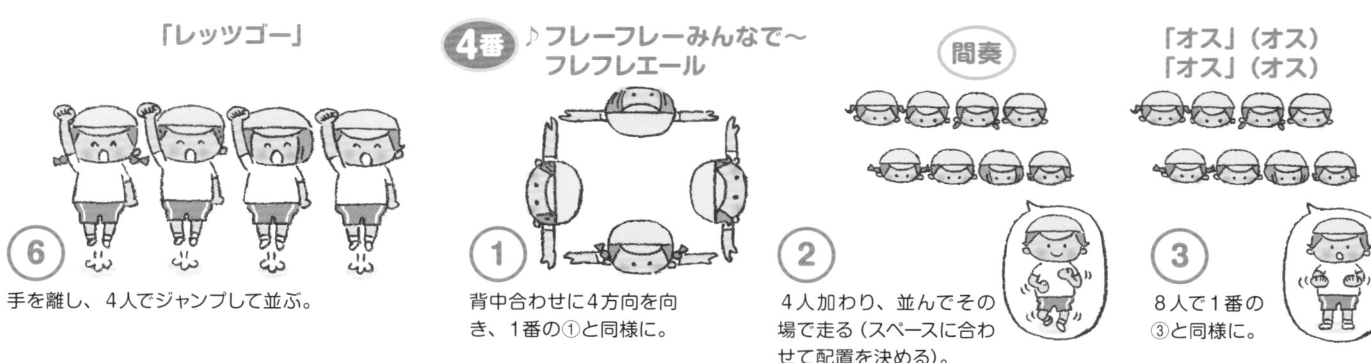

「レッツゴー」

6 手を離し、4人でジャンプして並ぶ。

4番 ♪フレーフレーみんなで～フレフレエール

1 背中合わせに4方向を向き、1番の①と同様に。

間奏

2 4人加わり、並んでその場で走る（スペースに合わせて配置を決める）。

「オス」（オス）「オス」（オス）

3 8人で1番の③と同様に。

「なみエール」「ワンツースリーGO!」

4 8人で横並びで手をつなぐ。

【手拍子】「オー」～「ファイト」【手拍子】

5 ウェーブをする。

「レッツゴー」

6 手を離してジャンプ。

5番 ※①～③は8人で、もしくは人数を増やして1番と同様。

「はなびエール」「ワンツースリーGO!」

4 輪になって手をつなぐ。

【手拍子】「オー」～「ファイト」【手拍子】

5 「オー」までに中央に集まり、「そーれ」までに広がり、「ファイト」までにしゃがむ。

「レッツゴー」

6 手を離してジャンプし、手をひらひらさせる。

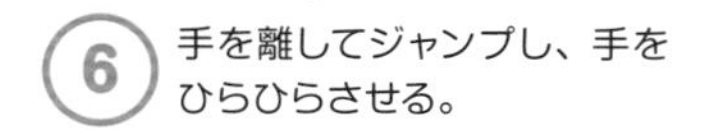

フレフレエール

作詞・作曲／ジャイアンとぱぱ

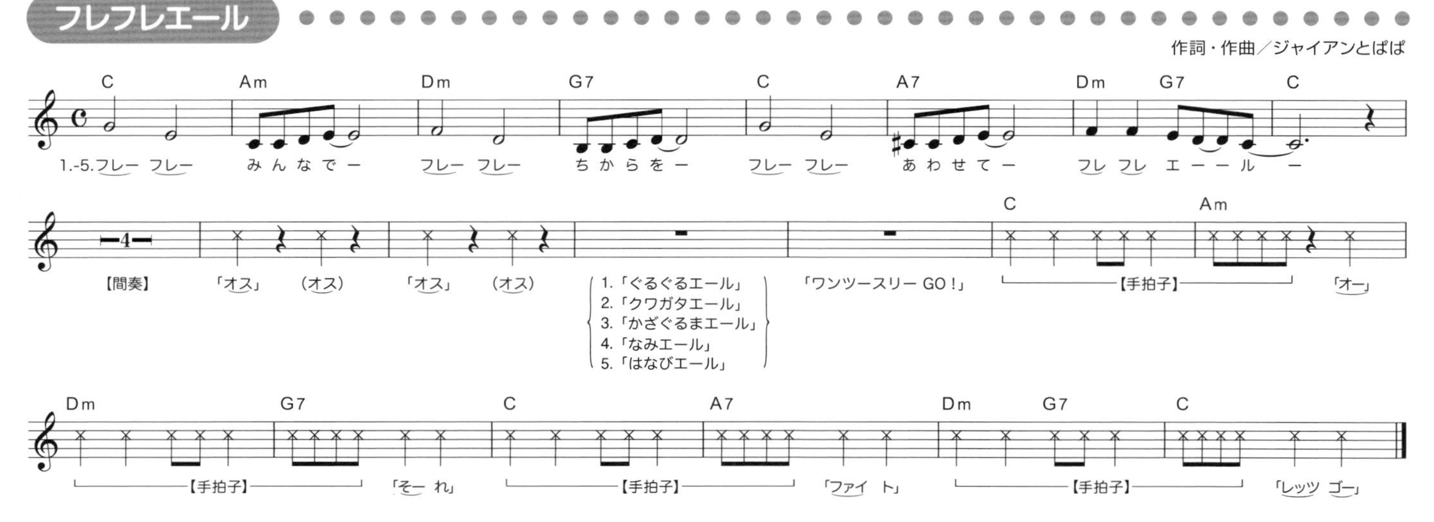

耐久戦隊ガマン

決めたポーズでそのままガマン！　子どもに合わせてポーズをアレンジしてもいいでしょう。
すぐにできるあそびなので、親子あそびにもお勧めです。

案●たんさいぼう

CD2▶NO.05

普段のあそび　運動会　発表会　親子　ちょっとした空き時間　朝や帰りの集まり

前奏

① 両手を腰に当て、前を見つめます。

1番 ♪わが

② 片方の手を反対側斜め上にあげる。

♪なは

③ ②の手を大きく円を描くように動かす。

♪ガマン

④ ③の手をグーにして体の横で構える。

♪たいきゅう

⑤ ②の動作を反対側で。

♪せんたい

⑥ ③の動作を反対側で。

♪ガマン

⑦ ④の動作を反対側で。

♪せめるちからは

⑧ 前に向かって、左右交互にパンチをする。

♪よわいけど

⑨ 両手を下げ、力を抜いたポーズ。

♪まもるちからは

⑩ 力強く手のひらを見せるように胸の前で腕をクロスさせる。

♪さいだいきゅういくぞ！

⑪ 大きく円を描くように両手を動かし、ガッツポーズ。

♪両手を高く伸ばし～ガマーン

⑫ 両手を高く上げて片足を上げ、この間ポーズが崩れないようにガマン。

（やった！）

⑬ 好きなポーズで決める。

2番 ※②〜⑪、⑬は1番と同様。

♪両手を横に伸ばし〜ガマーン

⑫ 両手を横に伸ばして片足を後ろに上げ、ポーズが崩れないようにガマン。

3番 ※②〜⑪は1番と同様。

♪両手をクロスして〜ガマーン

⑫ 両手両足をクロスさせ、ポーズが崩れないようにガマン。

♪だいせいこう

⑬ 両手を上げて、好きなポーズで決める。

アレンジ

こんなガマンもできるかな!?

仰向けに寝て両足をちょっと上げて、腹筋ガマン！

友達と見つめ合い、まばたきしないでガマン！

コチョコチョされても笑わないでガマン！

耐久戦隊ガマン

作詞・作曲／たんさいぼう

スバヤインジャー

両手を剣に見立てて、素早く、切れよく動けるかな。
いろいろなエア素振りで、剣道ごっこを楽しみましょう。

案●たんさいぼう

CD2▶NO.06

普段のあそび　運動会　発表会　親子　ちょっとした空き時間　朝や帰りの集まり

♪けんをもったらにほんいち
すばやいうごきのスバヤインジャー

横から見ると

手の組み方
右手の人さし指、左手の親指を立て、右手で左手の親指を包むように握る。

① 両手を剣に見立てて組み、剣道の素振りの動作を繰り返す。

♪めにもとまらぬはやわざで

② ①の手を横で構え、「♪はやわざで」で反対の向きで構える。

♪いっとうりょうだんたちむかう

③ 大きく円を描くように回す。

（たてぎり！よこぎり！ななめぎり！）

④ 組んだ手で「縦に」「横に」「斜めに」空中を素早く切る動作。

♪シャキーンシャキーンスバヤインジャー

⑤ 手を組んだまま、自由にポーズを決める。

2番 ※①〜③、⑤は1番と同様。

（ジャンプぎり！まわってぎり！イナズマぎり！）

4 組んだ手を「ジャンプしながら」振り下ろし、「1回転しながら」振り下ろし、「ギザギザに」 空中で素早く動かす。

3番 ※①〜③、⑤は1番と同様。

（まる！さんかく！ハート！）

4 「○」「△」「♡」の形を空中で素早く描く動作。

4番 ※①〜③は1番と同様。

（ひらがなの「さ」！ひらがなの「ら」！ひらがなの「ば」！さらばじゃ！）

4 「さ」「ら」「ば」の文字を空中で素早く書き、手を振る。

♪シャキーンシャキーン スバヤインジャー

5 手を組んで、自由にポーズを決める。

♪シャキーン〜 スバヤインジャー

6 ⑤と違うポーズを決める。

スバヤインジャー

作詞・作曲／たんさいぼう

案●でこぼこ

どろんぱにんじゃ

相手から身を隠す「変化(へんげ)の術」を使っていろいろな生き物に変身！
あそびに慣れたら、自由に変身ポーズを変えて楽しみましょう。

CD2▶NO.07

普段のあそび　運動会　発表会　親子　ちょっとした空き時間　朝や帰りの集まり

1番

♪あれはだれだ

① 人さし指を立てた手を上げる。

♪どろんぱにんじゃ

② もう片方の手も同様に。

♪へんげのじゅつだにんにんにん

③ ②から手を組み（片方の人さし指をもう一方の手で握る）、「♪にんにんにん」で組んだ手を上下に動かす。

♪あれはだれだどろんぱにんじゃへんげのじゅつだにんにんにん

④ ①〜③と同様。

（どろんぱにんぽうウサギにへんげ）

⑤ ③のポーズで、その場で一回りする。

♪ぴょんぴょんぴょんぴょんぴょんぴょん
ウサギはぴょーんぴょん〜ぴょーん

⑥ ウサギになりきって、両手を上げて自由にジャンプを繰り返す。

2番

※①〜⑤は1番と同様。

♪にょーろにょろにょーろにょろ
ヘビはにょーろにょろ〜
にょろにょろにょろー

⑥ 頭の上で両手を合わせて片足立ち。バランスを取りながら体をくねくねと揺らす。

3番 ※①～⑤は1番と同様。

♪こーろころこーろころ
ダンゴムシはこーろころ～
ころころー

⑥ 寝転がり、膝を抱えて横に体を揺らしてから1回転する。

4番 ※①～⑤は1番と同様。

♪のーそのそのーそのそ
カメはのーそのそ～
のそのそのそー

⑥ うつ伏せになり、手で足首を持って胸を反る。

アレンジ

いろいろな物に変身してみよう！

子どもたちとのやりとりから変身する物を見つけても楽しい。自由に体で表現してみましょう。

かかしにへんげ
片足でバランスよく立つ。

ワカメにへんげ
全身をゆらゆらと動かして。

いすにへんげ
膝を曲げて中腰のポーズ。

おじぞうさまにへんげ
手を合わせて動きを止める。

どろんぱにんじゃ

作詞・作曲／さかたしょうじ

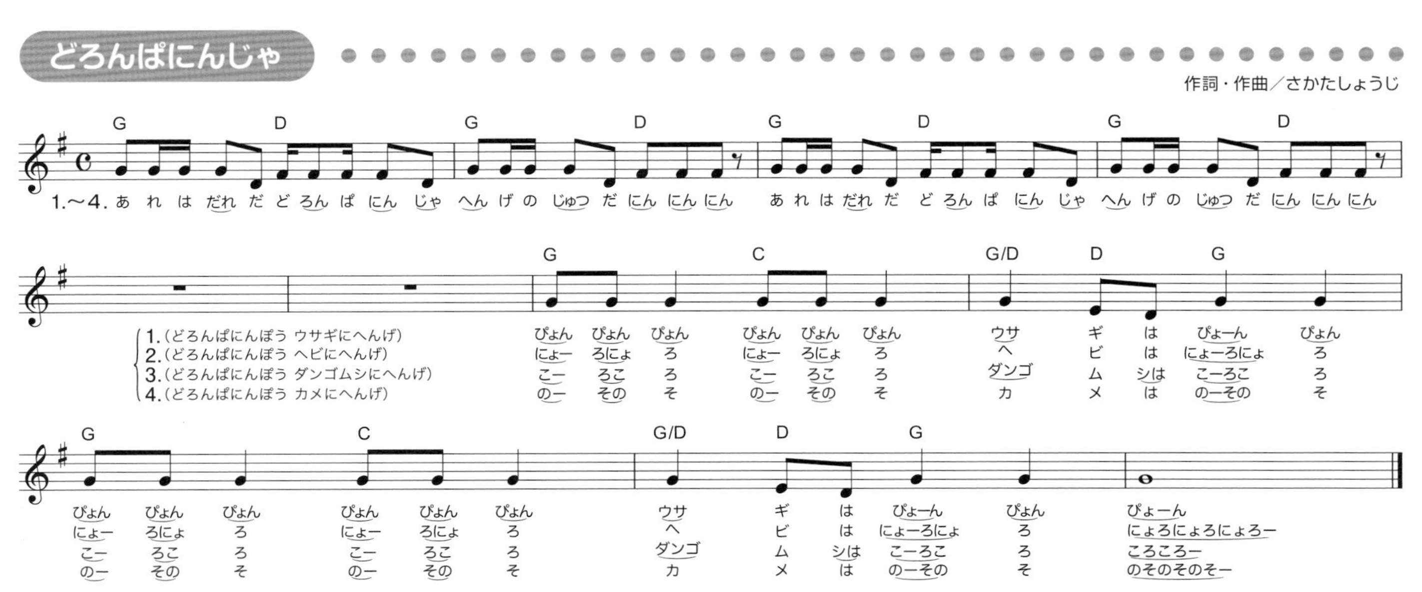

案●しゃぼん玉

忍者の修行はさしすせそ

歌詞に「さしすせそ」「らりるれろ」の入った言葉あそび歌。
リーダーの忍術を追いかけながら、忍者になりきって楽しみます。

CD2▶NO.08　普段のあそび　運動会　発表会　親子　ちょっとした空き時間　朝や帰りの集まり

※⑤⑦⑨⑪⑬⑮⑯の動作は、保育者またはリーダーの子が歌いながら行い、( )のときに子どもたちが追いかけて歌い、まねをする。

1番

♪にんじゃでござる「ニンニン！」

① 両手をぱっと開き、「♪ござる」で斜めを向いて手を組み(両手の人さし指を立て、片手で反対の手の人さし指を握る)、「ニンニン！」でその手を振る。

♪しゅぎょうでござる「ニンニン！」

② ①を反対の向きで。

♪さぎょうでござる「ニンニン！」

③ 両手を開いてゆっくり上にあげ、上で手を組んでから下ろし、「ニンニン！」でその手を振る。

♪しゅりけんなげるよ

④ 両手をぱっと開き、すぐに前で手を組む。

♪サササササッ
(サササササッ)

⑤ 手裏剣を飛ばすしぐさをする。

♪かくれみののじゅつ

⑥ ④と同様。

♪しっしっしー
(しっしっしー)

⑦ 人さし指を口に当て、もう片方の手で後ろを押さえるようなしぐさ。

♪すいめんあるきで

⑧ ④と同様。

♪スススススィー
(スススススィー)

⑨ 片足を上げ、両手を前後に伸ばす。

♪きあいでたおすぞ

⑩ ④と同様。

♪セッセッセーイ
(セッセッセーイ)

⑪ 片手を前に3回力強く押し出す。

♪しのびあしで

⑫ ④と同様。

♪そそそそそ
(そそそそそ)

⑬ 横向きで腕を振り、静かにその場で足踏み。

♪さしすせそでござる

⑭ 両手を開いてゆっくり上にあげ、手を組んでから下ろす。

♪さしすせそハッ（さしすせそハッ）
さしすせそハッ（さしすせそハッ）

⑮ 組んだ手の状態から「♪ハッ」で両手を前に開く（2回繰り返す）。

♪さしすせそさしすせそハッ
（さしすせそさしすせそハッ）

⑯ テンポは変わるが動作は⑮と同様（1回）。

♪しゅぎょうでござる

⑰ ⑭と同様。

2番 ※①～④、⑥、⑧、⑩、⑫、⑭～⑰は1番と同様。

♪バラララララ
（バラララララ）

⑤ 片手を揺らしながら横へ動かす。

♪ビリリリリリ
（ビリリリリリ）

⑦ 指先を震わせながら、両手一緒に前に突き出す。

♪プルルルルル
（プルルルルル）

⑨ 上を指さし、笛を吹くように、もう一方の手を口に当てる。

♪テレレレレン
（テレレレレン）

⑪ 手を組んだポーズで上半身をゆっくり回す。

♪ドロロロロン
（ドロロロロン）

⑬ 手を組んだまま上半身を揺らしてしゃがむ。

忍者の修行はさしすせそ

作詞・作曲／人見将之

案●髙嶋 愛

どうやっていこうか

目的地を目指して歩いたり、乗り物に乗ったり。
どうやって行くのか、どんなふうにして行くのか、子どもたちの自由な表現であそびましょう。

CD2▶NO.09

普段のあそび　運動会　発表会　親子　ちょっとした空き時間　朝や帰りの集まり

1番

♪どうやっていこうか
どうやっていこうか

1 考えるポーズを左右交互（1小節ごと）に行う。

♪そうだ

2 手のひらをグーの手でたたく。

♪あるいて

3 その場で歩く。

♪いってみよう

4 立ち止まり、こぶしを上げる。

♪よいしょよいしょ
のぼりざか

5 上向きで歩く。

♪おっとととととと
くだりざか

6 下向きで歩く。

♪くねくねくねくねみち

7 蛇行しながら歩く。

♪でこぼこでこぼこ
でこぼこみち

8 体を上下に揺らしながら歩く。

♪いろいろ
あったけれど

9 手拍子する（8回）。

（はい）
♪とうちゃくだ

10 両手を高く上げる。

（いぇーい！）

11 両手でピースのポーズ。

2番 〜 4番 ※①②④、⑨〜⑪は1番と同様。

2番

♪くるまで いってみよう

③ 座ってハンドルを回すしぐさ（座り方は自由）をする。

♪ブーンブーン のぼりざか

⑤ 上向きでハンドルを回すしぐさ。

♪ビューンビューン くだりざか

⑥ 下向きでハンドルを回すしぐさ。

♪くねくねくね くねくねみち

⑦ 体を左右に揺らしてハンドルを回すしぐさ。

♪でこぼこでこぼこ でこぼこみち

⑧ 座ったまま体を弾ませる。

3番

♪でんしゃで いってみよう

③ 両脇で車輪を回すしぐさをする。

♪ガタゴトガタゴト のぼりざか

⑤ 近くの友達の肩につかまって電車のように連結し、上向きで移動。

♪ガタゴトガタゴト くだりざか

⑥ 下向きで移動。

♪くねくねくね くねくねみち

⑦ くねくね曲がりながら移動。

♪でこぼこでこぼこ でこぼこみち

⑧ 体を揺らしながら移動。

4番

♪ひこうきで いってみよう

③ 両手を飛行機の翼のように広げる。

♪ビューンビューン あがります

⑤ 上向きで飛ぶしぐさ。

♪シューンシューン さがります

⑥ 下向きで飛ぶしぐさ。

♪くるくるくる まわります

⑦ その場を周りながら飛ぶしぐさ。

♪ガタガタガタガタ らんきりゅう

⑧ 広げた手を上下に動かしながら飛ぶしぐさ。

どうやっていこうか

作詞・作曲／髙嶋 愛

※楽譜は、読みやすくするために、音源とは調を変えています。

案●ジャイアンとぱぱ

くるくるかいてんずし

おいしそうなお寿司のネタになりきってスタート。
おにを複数にしてあそんだり、だんだん増やしていったりしても楽しいです。

CD2▶NO.10

普段のあそび　運動会　発表会　親子　ちょっとした空き時間　朝や帰りの集まり

※おに以外の人で輪を作り、おには輪の中に入る。

1番 ♪くるくるかいてんずしやってくる なにたべよう

① 手をつないで歌をうたいながら回る。おには、輪の中でネタの品定めをするように、回っている友達を指さしていく。

♪エビかな？

② その場でおにに向かって、チョキにした両手を上から突き出す。

♪タコかな？

③ おにに向かって、両腕を交互にくねくねと揺らす。

♪エビかな？

④ ②と同様。

♪タコかな？

⑤ ③と同様。

おに

②〜⑤ 腕組みをして考え込むしぐさ。

♪くるくるくるくるくるくるくるくる

⑥ おに以外は、②か③のどちらかの動作をしながら回る。おには、腕組みをしてネタの品定めをしながらその場で回る。

「きめた！（○○○のネタ）」
♪いただきます

⑦ おには「きめた！」の後にネタの名前を言い、「♪いただきます」と言いながら、そのネタの人たちを追いかける。
※捕まった人が次のおにになる。

2番 ※①、⑥⑦と、おには1番と同様。

♪イクラかな？

② 親指と人さし指で丸を作り、交互に上げ下げする。

♪ウニかな？

③ 人さし指を立てて、交互に上げ下げする。

♪イクラかな？

④ 2番の②と同様。

♪ウニかな？

⑤ 2番の③と同様。

3番 ※①、⑥⑦と、おには1番と同様。

♪かっぱまきかな？

② 両方の手のひらを頭に載せる（かっぱのお皿のイメージ）。

♪なっとうまきかな？

③ ボールをつかむように指を丸め、交互に上げ下げする（納豆がねばねばするイメージ）。

♪かっぱまきかな？

④ 3番の②と同様。

♪なっとうまきかな？

⑤ 3番の③と同様。

4番 ※①、⑥⑦と、おには1番と同様。

♪プリンかな？

② 肘を曲げて手を握り、体を小刻みに揺らす（プリンが揺れるイメージ）。

♪アイスかな？

③ 片手を頭の上、もう片方を体に巻き付けるようにして体をねじる（ソフトクリームのイメージ）。

♪プリンかな？

④ 4番の②と同様。

♪アイスかな？

⑤ 4番の③と同様。

アレンジ

❶ おにごっこのスリル感をアップ！

おにが輪の外側を回るようにすると、さらにドキドキ感を味わえます。

❷ 保育者とのふれあいあそびに

3歳児の場合は、おにを保育者が行うようにしてもいいでしょう。最後をおにごっこにせず、品定めをしたネタの中から1人を選んでその場で捕まえ、食べるまねをするのもいいでしょう。

くるくるかいてんずし

作詞・作曲／ジャイアンとぱぱ

※楽譜は、読みやすくするために、音源とは調を変えています。

ガリガリ狩(が)り

テンポよく、ガリガリと引っかく動作で楽しく体を動かします。
輪になってあそび、互いのポーズを見せ合うのも楽しいですね。

案●福田 翔

CD2▶NO.11

普段のあそび　運動会　発表会　親子　ちょっとした空き時間　朝や帰りの集まり

♪わたし

① 両手を腰に当てる。

♪ガリガリガリガリ
ガリガリガリガリ

② 横向きで、壁を引っかくように手を交互に上げ下げする。

♪ガリガリガリガリ
ガリガリガリガリ

③ ②を反対の向きで。

♪ガリガリガリガリ

④ 正面を向いて②の動作。

♪はずかしがり

⑤ 足をクロスさせ、もじもじしているポーズ。

♪そうはいっても

⑥ ①と同様。

♪やるときゃやるのさ

⑦ グーにした片手を回すように上げて構える。

（121234）

⑧ 数を言うごとにグーの手を突き上げる。

♪リンゴがり

⑨ 丸くなるイメージで膝を抱えてしゃがむ。

♪もみじがり

⑩ もみじのように手を開き、足を広げてジャンプ。

♪ブドウがり

⑪ ブドウの房をイメージして腕で輪を作り腰に当て、がに股になってつま先立ち。

♪リンゴがり

⑫ ⑨と同様。

♪はずかしがり

⑬ ⑤と同様。

♪ブドウがり

⑭ ⑪と同様。

♪リンゴがり

⑮ ⑨と同様。

♪もみじがり

⑯ ⑩と同様。

♪はずかしがり

⑰ ⑤と同様。

♪ブドウがり

⑱ ⑪と同様。

♪できたかな

⑲ まっすぐ立つ。

(ガリガリがり!)

⑳ ②の動作。

ガリガリ狩り

作詞・作曲/福田 翔

案●小倉げんき

それがまほうさ

リズムにのりながら、体をたくさん動かしましょう。
紙芯で作ったつえや、サテン生地などを魔法の小道具にして、持って踊るのもいいですね。

CD2▶NO.12

普段のあそび　運動会　発表会　親子　ちょっとした空き時間　朝や帰りの集まり

前奏 (16呼間)

① 前傾姿勢になり、肘を曲げて1呼間ずつ左右に振る。

(8呼間)

② 横へ2呼間で1歩ずつ、2歩進む。その後、1呼間で1歩ずつ3歩進む。

(8呼間)

③ ②を反対の向きで。

(6呼間)

④ 両手のひらを前に向け、下から大きく1周回す。

(2呼間)

⑤ 素早く両手を横に伸ばす。

1番

♪きみにはかなえたい ことがある

⑥ 上半身を横にひねり、腕を交互に上下させる。

♪かい

⑦ 正面を向き、魔法をかけるように両手を突き出して「ハーッ」と声を出す。

♪たとえばこんな まほうではどうだい

⑧ ⑥を反対の向きで。⑦は同様。

♪ごうかなりょうりも

⑨ 前へ4歩前む。

♪きれいな

⑩ 左右の斜め下で1回ずつ手をたたく。

♪ふくも

⑪ ジャンプする。

♪おもいどおりそれ

⑫ その場で一回り。

♪がまほう

⑬ 後ろへ4歩下がる。

♪さ 間奏（8呼間）

14 腰に手を当て、横を向いてもう一方の腕を回す。

（8呼間）

15 ⑭を反対の向きで。

（8呼間）

16 前奏④⑤と同様。

2番 ※⑥～⑬は1番と同様。

♪さ 間奏（8呼間）

14 あぐらをかいて座る。

（12呼間）

15 両手を上げ、左右に6回揺らす。

（4呼間）

16 両腕を伸ばして、上半身を前に倒す。

（16呼間）

17 2番の⑮⑯と同様。

（16呼間）

18 上半身を前傾させて、左右交互に手で床をたたく。

（24呼間）

19 1番⑭⑮⑯と同様。

3番 ※⑥～⑬は1番と同様。

後奏 前奏①～⑤と同様。

それがまほうさ

作詞・作曲／小倉げんき

案●南 夢未

ゆめのくに

ファンタジーな夢の世界を、リーダーに続いてみんなで楽しく踊ります。
歌詞を自由にアレンジして、表現の世界を広げてもいいでしょう。

CD2▶NO.13

普段のあそび　運動会　発表会　親子　ちょっとした空き時間　朝や帰りの集まり

1番

♪どこでも

片手の人さし指を立て、片足のかかとをつける。

♪いける

両手を腰に当て、「♪る」で①のポーズを反対側で。

♪ゆめのくに

両手を腰に当て、人さし指を回しながらスキップで一回り。

♪なんでもできるゆめのくに

①②③と同様。

♪パジャマをきて

5

着るしぐさ。

♪はみがきして

歯を磨くしぐさ。

♪トイレにいったら

しゃがんで立ってズボンを上げるしぐさをし、お尻を左右に振る。

♪ほらほらじゅんび

もも上げを高く4回。

♪オッケー

片手のこぶしを突き上げる。

♪まくらにセットぼくのゆめ

頬の横で合わせた手を上にあげる。反対側も同様に。

♪ゆめのとびらをさあひらけ

しゃがんで顔を隠し、「♪さあひらけ」で手足を広げて立ち上がる。

♪ぼくらのゆめの

片手ずつ胸の前でクロスさせる。

♪ふとんごう

そのまま肘を上げ、「♪ごう」で左右に大きく開く。

♪ぼくの（ぼくの）

リーダーは自分を指さす。追ってみんなが同じ動作をする。

♪ゆめは（ゆめは）

⑭と同様に、リーダーの寝るしぐさをみんなでまねる。

♪こんなゆめ

リーダー

16

リーダーはこめかみの横で人さし指を回し、「♪ゆめ」で上を指さす。

（どんなゆめ？）

みんなは頭を指さして考えるポーズ。

♪ジャングルなかまと
おまつりだ（ステキ）

リズムに合わせて足踏み。

♪ブンボボボ……アアアー……
ウッキッキ……ガオー……

「ジャングル」のイメージで、リーダーが自由に踊り、後についてみんながまねる。

♪ゆめのジャングルおおさわぎ

くるくる回り、最後はダウン（しゃがみ込んでも、倒れ込んでもOK）。

2番 ※1番の⑭からスタート。
⑭～⑱、⑳は1番と同様。

♪ルラルラルー……ズンチャッチャ……
クルクルクルー……

「お城の国」のイメージで、リーダーが自由に踊り、後についてみんながまねる。

3番 ※1番の⑭からスタート。
⑭～⑱、⑳は1番と同様。

♪バビューン……キラキラキラ……
ボワワワーン……

「宇宙」のイメージで、リーダーが自由に踊り、後についてみんながまねる。

4番 ※1番の⑭からスタート。
⑭～⑱、⑳は1番と同様。

♪ロボット……タカタカ……
うさちゃん……ピョンピョン……

「おもちゃの国」のイメージで、リーダーが自由に踊り、後についてみんながまねる。

ゆめのくに

作詞／南 夢未　作曲／さあか

ペンギンダンス

ペンギンのいろいろな動きを、まねっこして楽しみましょう。
「ストップ」のかけ声の後、だんだんと速度を上げていくところが盛り上がります。

案●でこぼこ

CD2▶NO.14

普段のあそび　運動会　発表会　親子　ちょっとした空き時間　朝や帰りの集まり

1番

♪こおりのうえで

① 両腕を下に伸ばし手首を曲げ、ペンギンポーズでスタンバイ。腕を伸ばしたまま、肩を上下させながら横へよちよち歩く。

♪ペンギンがおどりだす

② 手は①のまま、左右交互に足を高く上げる。

♪たのしいリズム

③ ①を反対の向きで。

♪のりのりペンギン

④ ②を反対の向きで。

♪みんなでいっしょにふりふりダンス

⑤ 片手は腰、もう一方の手の人さし指を立てて前に突き出し、手を揺らしながら横へ動かす。

♪ふりふりおどる〜ふりふりおどる（ストップ）
（×4回）

⑥ ペンギンポーズでお尻を左右に動かす。「ストップ」のかけ声で、ぴたっと止まる。

2番

※①〜⑤は1番と同様。

♪ぴょんぴょんおどる〜
ぴょんぴょんおどる（ストップ）
（×4回）

⑥ ペンギンポーズで、その場で飛び跳ね、「ストップ」のかけ声で止まる。

3番

※①〜⑤は1番と同様。

♪くるくるおどる〜
くるくるおどる（ストップ）
（×4回）

⑥ ペンギンポーズで、その場でくるくる回り、「ストップ」のかけ声で止まる。

2人組になって楽しもう！

友達や保護者と手をつないで、仲良しのペンギンになりきって踊りましょう。

1番

♪こおりのうえで

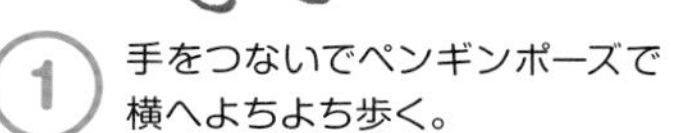

① 手をつないでペンギンポーズで横へよちよち歩く。

♪ペンギンがおどりだす

② 左右交互に足を高く上げる。

♪たのしいリズム

③ ①を反対側で。

♪のりのりペンギン

④ ②を反対の向きで。

♪みんなでいっしょにふりふりダンス

⑤ 向かい合って両手をつなぐ。

♪ふりふりおどる〜ふりふりおどる（ストップ）（×4回）

⑥ つないだ手を左右に揺らし、「ストップ」のかけ声で止まる。

2番

※①〜⑤は1番と同様。

♪ぴょんぴょんおどる〜
ぴょんぴょんおどる（ストップ）
（×4回）

⑥ 手をつないだまま一緒に跳ね、「ストップ」のかけ声で止まる。

3番

※①〜⑤は1番と同様。

♪くるくるおどる〜
くるくるおどる（ストップ）
（×4回）

⑥ 手をつないだまま一緒に回り、「ストップ」のかけ声で止まる。

ペンギンダンス

作詞・作曲／さかたしょうじ

案●ミツル＆りょうた

だいすきスキー

真っ白な雪の上を滑っているイメージでエアスキー！
ジャンプや回転など、体を気持ちよく動かしてあそべます。

CD2▶NO.15

普段のあそび　運動会　発表会　親子　ちょっとした空き時間　朝や帰りの集まり

1番

♪きょうはスキー

① スキーをしているポーズで、右左にジャンプ。

（イェイイェイイェイ）

② 両手を広げて閉じ、また広げる。

♪だいすきスキー

③ ①と同様。

（ウーウーウー）

④ かいぐりする。

♪すいすいスキー

⑤ ①と同様。

（イェイイェイイェイ）

⑥ 手で水をかくしぐさ。足は屈伸する。

♪すきすきスキー

⑦ ①と同様。

（ウーウーウー）

⑧ その場でフラダンスのしぐさ。

♪ジャンプ（ジャンプ）

⑨ 両手足を開いてジャンプ。2回繰り返す。

♪かいてん（かいてん）

⑩ その場で片足を上げて1回転。2回繰り返す。

♪モーグル（モーグル）

⑪ その場で足を高く上げて走るしぐさ。2回繰り返す。

（ワン）

⑫ 指を1本出して上げる。

⑬ 指を2本出す。

⑭ 指を3本出す。

⑮ 片足を曲げて着地のポーズ。

⑯ しゃがむ。

⑰ 両手足を開いてジャンプ。

⑱ 片方の膝を曲げ、上げて下ろし、次に膝を伸ばして上げて下ろす（ラインダンスのように）。もう片方も同様に。これを繰り返す。

※①～⑯、⑱は1番と同様。

⑰ その場で片足を上げて1回転。

3番

※①～⑯は1番と同様。

⑰ その場で足を高く上げて走るしぐさ。

おにのおにいさんとかぞくのダンス

人さし指で角をイメージして、元気よくダンス！
途中から曲調が変わり、盆踊り風のリズムで踊るのも楽しいですよ。

案●小倉げんき

CD2▶NO.16

普段のあそび　運動会　発表会　親子　ちょっとした空き時間　朝や帰りの集まり

♪お

① 片手の人さし指を頭の上に立てる。

♪に

② 反対の手も同様。

♪さん

③ 軽くかがむ。

♪おにさんおにいさんの

④ ①〜③と同様。

♪ダンス（いちにさんににさん）

⑤ 横向きで片足を出し、人さし指を出した両手を交互に素早く前後させる（8回ほど）。

♪おにさんおにさんおねえさんも

⑥ ①〜④と同様。

♪ダンス

⑦ ⑤を反対の向きで。

♪おにさんおにさん〜
おねえさんもダンス

⑧ ①〜⑦と同様。

♪もりのなかにもいる

⑨ 腕を振って歩き、「♪もいる」で両腕を大きく左右に振る。

♪やまのおくにもいる

⑩ ⑨を反対向きで。

♪うみのうえにもいる

⑪ ケンケンで前に4歩進み、両腕を振る。

♪どこにでもいるじつは

⑫ 両手を頬に当て、ゆっくりしゃがんでいく。

♪あそこにも

⑬ 飛び上がるように立ち上がり、片手は斜め上を、もう片方の手は引いて指をさすポーズでリズムを取る。

2番 ※①〜⑬は1番と同様。

♪ハアあたりを

⑭ 片手を目の上に当て、腰を落としてゆっくり横を向く。

♪みわたしてみりゃ

⑮ ⑭を反対の向きで。

♪おにのかぞくが

⑯ 手拍子を2回してから片足を踏み出し、同時に両手を開く。

♪そこらじゅう

⑰ ⑯を反対向きで。

♪おどってる

⑱ ⑯⑰と同様。

3番 ※①〜⑧は1番と同様。⑧の後は⑲⑳へ

♪かぞくでダンス
かぞくでダンス
かぞくで

⑲ 向きを変えながら1番⑤の動作。

♪ダンスダンスダンス
ダンス（イェー！）

⑳ ⑲の動きを正面で。（イェー！）で握った片手を突き上げてジャンプ。

おにのおにいさんとかぞくのダンス

作詞・作曲／小倉げんき

※楽譜は、読みやすくするために、音源とは調を変えています。

マメまきたいそう

全身を動かして、空に海に夢に……そして世界に向けて、壮大な豆まきをしましょう。
準備体操にもお勧めのあそび歌です。

案●ミツル&りょうた

CD2▶NO.17

普段のあそび　運動会　発表会　親子　ちょっとした空き時間　朝や帰りの集まり

片腕で力こぶを作り、反対の手のこぶしを肘に当てたポーズを、左右交互に繰り返す。

1番

♪みぎうでビーンと

片方の手の肘を曲げ伸ばし。

♪のばして（マメだ）

手のひらを上にして両手を前に伸ばし、「マメだ」で手を頬に添え、頭を振る。

♪ひだりうでビーンと

②を反対側で。

♪のばして（マメだ）

③と同様。

♪せすじをビーンと

両手を上げ下げし、体を伸ばす。

♪のばして（マメだ）

③と同様。

♪ぜんぶビーンと

屈伸しながら、広げた両手を曲げ伸ばし。

♪のばして（マメだ）

③と同様。

♪マメ

手で眼鏡を作ってのぞく。

♪まき

顔を横に出す。

♪たい

手をパーに開く。

♪マメまきたい

⑩〜⑫を反対で。

♪マメまきたいそう

かいぐりをしてから、手を腰に当てる。

♪そらにむかって

足踏みしながら、豆をまくように片手を横へ広げ、「♪て」で反対の手を横へ広げる。

♪まけ

足踏みしながら、豆をまくように両手を上へ広げる。

（マメ）

17

ジャンプし、頭上に輪を作って頭を振る。

♪うみにむかってまけ（マメ）

⑱
⑮～⑰と同様。

♪ゆめにむかって
まけ（マメ）

⑲
⑮～⑰と同様。

♪せかいにえがおと
マメをまきましょう

⑳
⑮と同様。

（スマイルアンドビーンズ）

㉑
⑯⑰と同様。

2番 ※①③⑤～⑦、⑨～㉑は1番と同様。

♪みぎあしビーンと

②
腰に手を当て、片足を上げ下げする。

♪ひだりあしビーンと

④
②を反対側で。

♪ぜんぶビーンと

⑧
両手を伸ばして上げ、膝を曲げて2回ジャンプ。

3番 ※①③⑤～⑦、⑨～㉑は1番と同様。

♪むねをビーンと

②
体の前で合わせた手を胸を張るように開く（2回）。

♪おしりをビーンと

④
お尻と両手を横に突き出す。「♪ビーンと」で反対側に。

♪ぜんぶビーンと

⑧
④の動作をジャンプしながら行う。

♪マメまきたい
マメまきたい
マメまきたいそう

㉒
1番の⑩～⑭と同様。

マメまきたいそう

作詞／佐藤ミツル　作曲／犬飼りょうた

※楽譜は、読みやすくするために、音源とは調を変えています。

案●うま(馬賣真人)

星がきらきら

歌の中で1つ、2つ、3つとだんだん星が増えていきます。
1つ1つの星を、手足などの動作で楽しく表現してみましょう。

CD2▶NO.18

普段のあそび　運動会　発表会　親子　ちょっとした空き時間　朝や帰りの集まり

1番

♪くらいおそらのうえに

① 全身でリズムを取る。

♪ほしがひとつ

② 肘を曲げ、片手を出す。

♪ひかっているよ

③ 手はそのままキープしてリズムを取る。

♪きらきらきらきらきらきら

④ 手をひらひらさせる。

2番

♪くらいおそらのうえに　♪ほしがひとつ

① 1番の①と同様。

② 1番の②と同様。

♪ほしがふたつ

③ 反対の手も出す。

♪ひかっているよ

④ 手はそのままキープして、左右に揺れてリズムを取る。

♪きらきらきらきら
きらきら

⑤ 両手をひらひらさせる。

3番

♪くらいおそらのうえにほしがひとつほしがふたつ

①～③ 2番の①～③と同様。

♪ほしがみっつ

④ 片足を上げる。

♪ひかっているよ

⑤ 手足をそのままキープして、左右に揺れてリズムを取る。

♪きらきらきらきらきらきら

⑥ 上げた手をひらひらさせ、足を振る。

4番 ♪くらいおそらのうえに～ほしがみっつ

①～④ 3番の①～④と同様。

♪ほしがよっつ

⑤ 片足を下ろし、反対の足を上げる。

♪ひかっているよ

⑥ 手足をそのままキープして、左右に揺れてリズムを取る。

♪きらきらきらきらきらきら

⑦ 両手をひらひらさせ、足は交互に上げ下げして飛び跳ねる。

5番 ♪くらいおそらの～ほしがよっつ

①～⑤ 4番の①～⑤と同様。

♪ほしがいつつ

⑥ 頭を下げて振る。

♪ひかっているよ

⑦ 「♪ひかって」で頭を上げて正面を向き、左右に揺れてリズムを取る。

♪きらきらきらきらきらきら（×2回）

⑧ 頭を振りながら4番⑦の動作。

星がきらきら

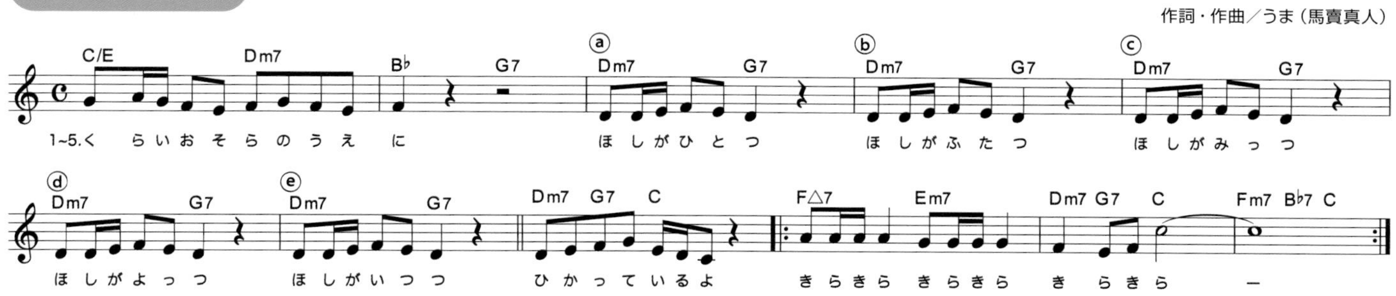

※１番はⓐのみ、２番はⓐⓑ、３番はⓐⓑⓒ、４番はⓐⓑⓒⓓ、５番はⓐⓑⓒⓓⓔと１小節ずつ増やして歌い、５番のみ最後の３小節を２回歌う。

案●浦中こういち

にょきにょきにょき

歌いながら、体を伸ばしたり揺らしたり。
リズムに乗って体を気持ちよく動かしてあそびましょう。

CD2▶NO.19

普段のあそび　運動会　発表会　親子　ちょっとした空き時間　朝や帰りの集まり

1番

♪にょきにょきにょき
にょきのびまして

① 足踏みをしながら交互に手を上げ下げする。

♪せすじが

② 両手をパーにして上にあげ、次に両手をグーにして下げながら膝を曲げる。

♪ぴーんと
のびました

③ 手の先からつま先までぴーんと伸ばす。

♪かぜがふいて

④ 両手を上げたまま、左右に大きく振る。

♪フリフリフリフリ

⑤ お尻を振りながら、両手を素早く左右に振る。

♪おしりもゆれる

⑥ 手を腰に当て、お尻を振る。

♪フリフリフリフリ

⑦ ⑥のまま、お尻を大きく振る。

♪おっとととったいへん

⑧ 片足ケンケンをする。

♪まるまったコロン！

⑨ 「コロン！」と言って、丸まる。

2番

※①～⑧は1番と同様。

♪とばされたバタン！

⑨ 「バタン！」と言って、転ぶしぐさ。

3番

※①～⑧は1番と同様。

♪あつまったピタ！

⑨ 「ピタ！」と言って、友達とくっつく。

にょきにょきにょき

作詞・作曲／浦中こういち

どんちゃん楽団

どんちゃんガラガラと、楽器のようなにぎやかな曲に合わせて体を動かします。
最後は楽団の指揮者になったつもりでポーズを決めよう。

案●すかんぽ

CD2▶NO.20

普段のあそび　運動会　発表会　親子　ちょっとした空き時間　朝や帰りの集まり

♪どんちゃんがくだん はじまるよ

① 体を左右に揺らしながら手拍子。

♪さあさあみんな よっといで

② 両手で左右に「おいでおいで」をする。

♪どんちゃんガラガラ

③ ドンと床を踏みつけ、ガラガラと楽器の音を鳴らすように両手を動かす。

♪ドーン

④ グーにした両手を軽くぶつけてから外側に回す。

♪ペーロン

⑤ 両手の手のひらを上にして前に出す。

♪さんも

⑥ グーにして引っ込める。

♪やってきて

⑦ リズムに合わせて体を揺らす。

♪どんちゃんガラガラ

⑧ ③と同様。

♪ドン

⑨ グーにした両手を軽くぶつける。

♪ベー

⑩ ⑤と同様。

♪ロン

⑪ ⑥と同様。

♪ピロピロさんもやってきて

⑫ 指をパラパラ動かしながら両手を上げ、手のひらをピンと合わせる。

♪どんちゃんガラガラ ドンベーロン ピロピロ ピロピロピーン

⑬ ③、⑨〜⑫と同様。

♪するとジャンさん やってきた

⑭ 両手を外側から回して、肩の横で止める。

♪どんちゃんガラガラドンベーロン ピロピロピロピロピーン

⑮ ③、⑨〜⑫と同様。

♪ジャン おしまい

⑯ 指揮者が演奏を止めるような振りをしてから、軽くお辞儀をする。

どんちゃん楽団

作詞・作曲／すかんぽ

CD収録曲 ※CDは2枚あります。数字はCDトラックナンバーです。

CD1

01 おひさまポルカ
作詞／川崎ちさと　作曲／入江浩子　歌／すかんぽ
編曲・演奏・録音／森光 明　録音／中山 圭

02 まっくらどうくつたんけんたい
作詞・作曲／さかたしょうじ　歌／でこぼこ　編曲・演奏・録音／森光 明

03 やまもりパワー
作詞／川崎ちさと　作曲／入江浩子　歌／すかんぽ
編曲・演奏／宮田真由美　録音／中山 圭

04 ほんじつのOH!ススメ
作詞・作曲・歌／ジャイアンとぱぱ　編曲・演奏・録音／森光 明

05 ポップンロール
作詞・作曲・歌／小倉げんき　編曲・演奏／和田直樹　録音／中山 圭

06 えだまめかぞく
作詞・作曲・歌／小倉げんき　編曲・演奏・録音／森光 明

07 ザリガニチョッチン
作詞／川崎ちさと　作曲／入江浩子　歌／すかんぽ
編曲・演奏・録音／森光 明　録音／中山 圭

08 うみいこ　やまいこ
作詞／佐藤ミツル　作曲・編曲・演奏・録音／犬飼りょうた　歌／ミツル&りょうた

09 ゴーゴーフィンガー
作詞・作曲・歌／こばやしゆうすけ　編曲・演奏・録音／森光 明　録音／中山 圭

10 ドリルでゴー
作詞・作曲／たんさいぼう　歌／HIMIKO　演奏・録音／丹後雅彦

11 おばけとともだち
作詞・作曲・歌／小沢かづと　編曲・演奏・録音／宮田真由美　録音／中山 圭

12 宇宙人がやってきた
作詞・作曲・歌／小倉げんき　演奏／丹後雅彦　録音／飯嶋 治

13 ドンヒャラドン
作詞・作曲・歌／小沢かづと　編曲・演奏・録音／吉野ユウヤ

14 おみこし音頭♪
作詞・作曲／うま（馬賣真人）　歌／かば☆うま
編曲・演奏・録音／森光 明　録音／中山 圭

15 ものほし音頭
作詞・作曲・歌／小沢かづと　編曲・演奏／宮田真由美　録音／和田直樹

16 せみせみロック!!
作詞／川崎ちさと　作曲／入江浩子　歌／すかんぽ
編曲・演奏・録音／森光 明　録音／中山 圭

17 つまさきドリル
作詞・作曲・歌／すえっこ　編曲・演奏／平井敬人　録音／中山 圭

18 ぶらぶラブダンス
作詞・作曲・歌／小沢かづと　編曲・演奏・録音／平井敬人　録音／中山 圭

19 元気のボール
作詞／金子和弘　作曲／玉井智史　歌／ハリー☆とたまちゃん♪
編曲・演奏・録音／森光 明

CD2

01 かかしエクササイズ
作詞・作曲・歌／小沢かづと　編曲・演奏・録音／森光 明　録音／中山 圭

02 かっとばせ！ ヒーロー！
作詞・作曲・歌／さあか　編曲・演奏／森光 明　録音／山中 圭

03 ツルツルペンギン
作詞・作曲・歌／小倉げんき　編曲・演奏・録音／平井敬人　録音／山中 圭

04 フレフレエール
作詞・作曲・歌／ジャイアンとぱぱ　編曲・演奏・録音／平井敬人

05 耐久戦隊ガマン
作詞・作曲・歌・編曲・演奏・録音／たんさいぼう　歌／HIMIKO

06 スパヤインジャー
作詞・作曲・歌・編曲・演奏・録音／たんさいぼう

07 どろんぱにんじゃ
作詞・作曲／さかたしょうじ　歌／でこぼこ　編曲・演奏・録音／森光 明

08 忍者の修行はさしすせそ
作詞・作曲／人見将之　歌／しゃぼん玉
編曲・演奏・録音／平井敬人　録音／中山 圭

09 どうやっていこうか
作詞・作曲・歌／髙嶋 愛　編曲・演奏・録音／森光 明　録音／中山 圭

10 くるくるかいてんずし
作詞・作曲・歌／ジャイアンとぱぱ　編曲・演奏・録音／森光 明

11 ガリガリ狩り
作詞・作曲・歌／福田 翔　編曲・演奏・録音／森光 明　録音／中山 圭

12 それがまほうさ
作詞・作曲・歌／小倉げんき　編曲・演奏・録音／丹後雅彦

13 ゆめのくに
作詞・歌／南 夢未　作曲／さあか　編曲・演奏・録音／森光 明

14 ペンギンダンス
作詞・作曲／さかたしょうじ　歌／でこぼこ
編曲・演奏・録音／宮田真由美

15 だいすきスキー
作詞／佐藤ミツル　作曲／犬飼りょうた　歌／ミツル&りょうた
編曲・演奏・録音／和田直樹

16 おにのおにいさんとかぞくのダンス
作詞・作曲・歌／小倉げんき　編曲・演奏・録音／森光 明　録音／中山 圭

17 マメまきたいそう
作詞／佐藤ミツル　作曲・編曲・演奏・録音／犬飼りょうた　歌／ミツル&りょうた

18 星がきらきら
作詞・作曲・歌／うま（馬賣真人）　編曲・演奏・録音／森光 明　録音／中山 圭

19 にょきにょきにょき
作詞・作曲・歌／浦中こういち　編曲・演奏／宮田真由美　録音／飯嶋 治

20 どんちゃん楽団
作詞・作曲・歌／すかんぽ　編曲・演奏・録音／森光 明　録音／中山 圭

Staff

案● 浦中こういち　小倉げんき　小沢かづと　かば☆うま　こばやしゆうすけ　さあか　しゃぼん玉　ジャイアンとぱぱ　すえっこ　すかんぽ　髙嶋 愛　たんさいぼう　でこぼこ　ハリー☆とたまちゃん♪　福田 翔　ミツル&りょうた　南 夢未　（五十音順）
表紙イラスト● やまざきかおり
表紙・本文デザイン● 高橋陽子
楽譜● 石川ゆかり　フロム・サーティ　山縣敦子
イラスト● すみもとななみ　たかぎ＊のぶこ　たはらともみ　とみたみはる　中小路ムツヨ　原 裕子　わたいしおり
校閲● 草樹社
編集・制作● リボングラス